Collection « L'esprit économique »

fondée par Sophie Boutillier et Dimitri Uzunidis en 1996
dirigée par Sophie Boutillier, Blandine Laperche, Dimitri Uzunidis

Si l'apparence des choses se confondait avec leur réalité, toute réflexion, toute Science, toute recherche serait superflue. La collection « L'esprit économique » soulève le débat, textes et images à l'appui, sur la face cachée économique des faits sociaux : rapports de pouvoir, de production et d'échange, innovations organisationnelles, technologiques et financières, espaces globaux et microéconomiques de valorisation et de profit, pensées critiques et novatrices sur le monde en mouvement...
Ces ouvrages s'adressent aux étudiants, aux enseignants, aux chercheurs en sciences économiques, politiques, sociales, juridiques et de gestion, ainsi qu'aux experts d'entreprise et d'administration des institutions.

La collection est divisée en six séries :

Dans la série *Economie et Innovation* sont publiés des ouvrages d'économie industrielle, financière et du travail et de sociologie économique qui mettent l'accent sur les transformations économiques et sociales suite à l'introduction de nouvelles techniques et méthodes de production. L'innovation se confond avec la nouveauté marchande et touche le cœur même des rapports sociaux et de leurs représentations institutionnelles.

La série *Economie formelle* a pour objectif de promouvoir l'analyse des faits économiques contemporains en s'appuyant sur les approches critiques de l'économie telle qu'elle est enseignée et normalisée mondialement. Elle comprend des livres qui s'interrogent sur les choix des acteurs économiques dans une perspective macroéconomique, historique et prospective.

Dans la série *Le Monde en Question* sont publiés des ouvrages d'économie politique traitant des problèmes internationaux. Les économies nationales, le développement, les espaces élargis, ainsi que l'étude des ressorts fondamentaux de l'économie mondiale sont les sujets de prédilection dans le choix des publications.

La série *Krisis* a été créée pour faciliter la lecture historique des problèmes économiques et sociaux d'aujourd'hui liés aux métamorphoses de l'organisation industrielle et du travail. Elle comprend la réédition d'ouvrages anciens, de compilations de textes autour des mêmes questions et des ouvrages d'histoire de la pensée et des faits économiques.

La série *Clichés* a été créée pour fixer les impressions du monde économique. Les ouvrages contiennent photos et texte pour faire ressortir les caractéristiques d'une situation donnée. Le premier thème directeur est : mémoire et actualité du travail et de l'industrie ; le second : histoire et impacts économiques et sociaux des innovations.

La série *Cours Principaux* comprend des ouvrages simples, fondamentaux et/ou spécialisés qui s'adressent aux étudiants en licence et en master en économie, sociologie, droit, et gestion. Son principe de base est l'application du vieil adage chinois : « le plus long voyage commence par le premier pas ».

L'ÉCONOMIE EN 4 LEÇONS

5-7, rue de l'École-Polytechnique ; 75005 Paris

http://www.editions-harmattan.fr/

ISBN : 978-2-343-25456-2
EAN : 9782343254562

Gérard Fonouni-Farde

L'économie en 4 leçons

Activité économique, financement, régulation, déséquilibre

L'Harmattan

À mes enfants Guillaume et Camille,
Et à tous mes étudiants(es) …

Table des matières

Thème 3 : Le réglage de l'activité économique

I- La régulation par l'État à travers sa politique économique

II- La régulation par le Marché

Thème 4 : Le dérèglement de l'activité économique : inflation – chômage

I- L'inflation

II- Le chômage

Introduction

Le fonctionnement de l'économie : l'activité économique

L'activité économique repose sur trois moteurs mis en œuvre par les acteurs économiques pour satisfaire nos besoins.

Les agents économiques à travers leurs relations, leurs décisions et leurs actes font fonctionner ces trois moteurs.

Comment ?

Prenons quelques exemples de notre vie quotidienne et décrivons une journée type.

Qu'avons-nous fait ?

« Nous avons consommé des produits, nous avons consulté à maintes reprises nos écrans, écouté la radio, nous avons utilisé notre voiture ou utilisé les transports en commun, notre vélo, ou tout simplement la marche à pied pour aller au travail, à l'école ou à l'université ou encore pour aller faire nos courses. Nous avons produit des biens ou des services grâce à notre travail, nous avons aussi consommé.
Et durant cette journée classique, nous avons effectué une multitude d'échanges de nature différente avec divers acteurs économiques pour nous procurer ces biens grâce à la monnaie dont nous disposons ».

Nous avons donc accompli durant cette journée des actes économiques. Et nous les accomplissons quotidiennement.

Mais pourquoi ?

Tout simplement pour satisfaire nos besoins.

Et, c'est à partir de nos besoins que les entreprises produisent des biens ou des services.

Nos besoins sont donc le point de départ de l'activité économique et plus particulièrement du moteur de la production. Donc s'il n'y a pas de besoin, il n'y a pas de production, d'où la nécessité de les créer pour générer de l'activité économique. Nous sommes tous dépendants de nos besoins.

Quelles sont leurs caractéristiques ?

Le besoin est un manque ou une sensation de privation né de la nature ou de la vie sociale, qu'il faut faire disparaître, donc qu'il faut satisfaire.
Nos besoins sont multiples, ils peuvent être individuels ou collectifs, satiables, renouvelables, et surtout ils sont illimités. Ils ont à la fois des origines biologiques, sociales et culturelles.
Ils dépendent ainsi de chaque individu mais aussi de notre environnement.
Il existe de nombreuses classifications des besoins. Nous pouvons en retenir seulement deux principales permettant d'apprécier le degré de développement d'une économie et d'apprécier la nature de l'activité économique.
Les besoins primaires : c'est à dire les besoins physiologiques, de première nécessité. Il s'agit des besoins de se nourrir, de se vêtir, de se soigner... Leur non-satisfaction est un critère de sous développement.
Les besoins secondaires ou sociaux : ils proviennent de notre vie sociale et culturelle, de nos échanges, de notre mode de vie et de notre niveau de vie.
Il s'agit des besoins de loisirs, de luxe, de s'équiper, de se divertir, de se cultiver, de communiquer… Ces besoins sont créés par la société et par les entreprises. Celles-ci les transforment en désirs grâce à la communication média et hors média.

Mais comment passe-t-on des besoins à l'activité économique ?

C’est pour satisfaire nos besoins que l’on va mettre en œuvre une activité économique. Il va falloir produire pour acheter et consommer les produits afin de satisfaire nos besoins. Cela implique un effort de transformation des richesses naturelles en biens ou services que l’on pourra ensuite consommer.

Alors, comment nos besoins sont-ils satisfaits ?

La manière de les satisfaire détermine l’organisation même de notre économie. La façon de produire, de répartir les revenus entre les agents économiques et la manière de consommer, voire de « surconsommer », caractérisent notre modèle économique. Ce dont nous avons besoin détermine le fonctionnement de notre économie. La manière de les satisfaire diffère selon les contextes, selon les époques et selon nos modes de vie. A l’ère du numérique, de nouveaux besoins se sont fortement développés. Les besoins liés à la communication, aux réseaux sociaux par exemple, sont devenus aussi importants que les besoins physiologiques. Ces nouveaux besoins nous rendent ainsi de plus en plus dépendants des outils numériques.
La manière de les satisfaire a modifié aussi notre rapport avec le temps et avec l’espace. En effet, leur satisfaction contraint notre activité économique à organiser la production sur le court terme plutôt que sur le long terme.
Tous nos besoins sont satisfaits grâce à la production de biens ou de services. C'est-à-dire des produits qui permettent de répondre à nos besoins. On peut les classer en deux catégories. :

Les biens économiques : sont des biens (produits matériels : vêtements, automobile, ordinateur, téléphone, …) ou services (biens immatériels : transport, assurance, distribution, …) produits par des agents économiques à partir d’autres biens (matières premières par exemple) pour être vendus sur le marché. Ils sont utiles, disponibles et rares car limités. Ils évoluent dans le temps et dans l’espace.

Les biens libres ou naturels : sont des biens disponibles gratuitement et sans production (eau, air, soleil, …). Ils appartiennent à tous. Ils sont en quantité illimitée, mais avec le dérèglement climatique aggravé par notre modèle de croissance, ils pourraient devenir rares donc limités. Tant que l'air est gratuit et abondant il n'y a pas d'appropriation et de marché, dès qu'il deviendra rare il se transformera en un bien économique c'est-à-dire en une marchandise vendue sur le marché. Dans ce cas il deviendra excluable car tout le monde ne pourra pas se le procurer à cause du prix.

Un bien économique est donc un bien rare puisqu'il faut produire pour répondre à une demande, et plus celle-ci est forte plus la lutte pour l'acquérir est intense, plus il prend de la valeur. C'est pourquoi l'on dit souvent « que plus un bien est rare plus il est cher ». La rareté fait donc le prix selon la logique du marché.

Pour satisfaire nos besoins, il faut donc produire des biens et des services à partir des facteurs de production qui sont le travail et le capital, c'est-à-dire la main d'œuvre et les machines, les usines.

Voici donc le 1ier moteur de l'activité économique : **La Production**.

En contrepartie de l'utilisation de ces facteurs de production que sont le travail et le capital, l'entreprise distribue des revenus qui sont répartis entre les agents économiques ayant produit.

C'est donc en contribuant à la production des biens ou services que nous percevons des revenus.

Voici donc le 2ième moteur de l'activité économique : **La répartition des revenus**.

Et grâce aux revenus perçus par leur travail (facteur de production), les agents économiques peuvent ainsi se procurer et consommer les biens ou services produits qui sont vendus sur le marché.

La consommation quant à elle, est un acte économique qui détruit les richesses produites. Elle va indiquer aux entreprises ce qu'elles doivent produire pour répondre à la demande et pour réaliser des profits. Les besoins, une fois satisfaits vont disparaître le temps nécessaire de se renouveler pour s'exprimer de nouveau sur le marché et déclencher une nouvelle production et ensuite, une nouvelle consommation et ainsi de suite. Les besoins vont disparaître provisoirement, le temps nécessaire aux entreprises d'en créer de nouveaux pour inciter les ménages à consommer toujours plus.

Voici le 3ième moteur de l'activité économique **: La consommation**.

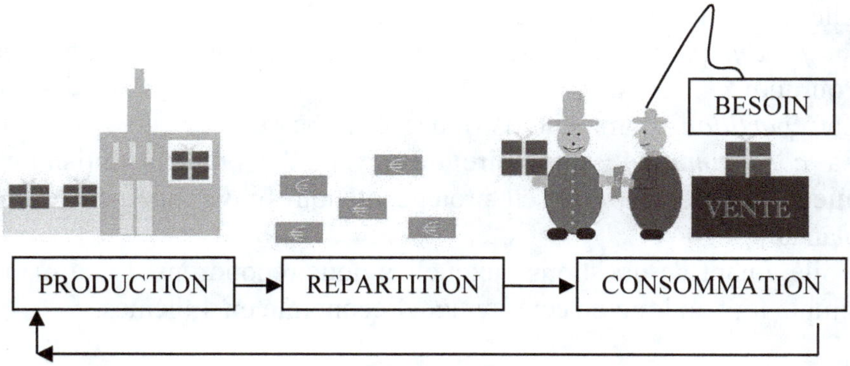

Nous avons des besoins illimités car ils sont sans cesse renouvelables et dépendants de l'évolution de notre société. De nouveaux besoins nous sont créés en permanence.

Pour les satisfaire, nous devons produire des biens qui sont malheureusement limités, car la nature ne peut pas tout produire pour notre profit. Les richesses sont limitées et inégalement réparties dans le monde. Nous voilà confrontés à la rareté.

La rareté devrait conduire aux rendements décroissants car plus on utilise les ressources naturelles pour produire, plus elles s'épuisent et deviennent de moins en moins rentables malgré la hausse des prix qui en résulte (le pétrole par exemple).

Toute action nous prive de quelque chose. En faisant le choix économique de satisfaire un besoin, on puise dans une ressource naturelle que l'on transforme et que l'on épuise.

Cette ressource deviendra de plus en plus rare et donc sera de plus en plus coûteuse. Ainsi la rareté devrait conduire aux rendements décroissants. Et pourtant il y a toujours autant de croissance.

Pourquoi ?

Parce qu'il y a une nouvelle activité économique mise en œuvre pour repousser cette rareté grâce au progrès et à l'innovation.

C'est pour lutter contre cette rareté qu'il va falloir mettre en œuvre une activité économique et faire des choix donc prendre des décisions économiques.

Elle nous impose de faire des choix dans :
La *production* : que produire ? Comment ? Combien ? Pour qui ? Pourquoi ?
La *répartition* : comment distribuer les richesses ?
La *consommation* : que faire du revenu ? Comment satisfaire au mieux nos besoins tout en protégeant notre environnement et notre planète ?
Voilà autant de questions auxquelles nous répondrons d'une manière simple tout au long de cet ouvrage d'économie en 4 thèmes.

La représentation de l'activité économique à travers le circuit économique

L'activité économique repose sur ces trois moteurs coordonnés par le marché.
Ces trois moteurs sont interdépendants. Les choix économiques s'organisent par l'intermédiaire de l'échange sur les différents marchés dans le cadre d'un circuit animé par des agents économiques.

Qui sont-ils ? Que font-ils ?

Ils sont désignés sous le terme de secteurs institutionnels par la comptabilité nationale. Nous en retenons 5 car nous avons associé « les institutions sans but lucratif au service des ménages » avec l'Administration (État) :

- Les ménages
- Les entreprises
- L'Administration (État)
- Les institutions financières (banques)
- Le reste du monde

Les ménages : c'est un ensemble de personnes vivant sous le même toit. Leur fonction principale est de consommer des biens et des services afin de satisfaire leurs besoins. La rémunération de leur travail est leur ressource principale.
Les entreprises : sont des organisations dirigées, structurées qui mettent en œuvre différents moyens humains et matériels (facteurs de production) pour transformer et produire des biens ou services en vue

d'être vendus sur un marché afin de réaliser des profits. Leur fonction principale : c'est donc produire des biens et services marchands (vendus sur un marché) à partir des facteurs de production. Leur ressource principale est le profit.

L'Administration (Pouvoirs Publics ou encore État) : personne morale publique dont l'activité est orientée vers la fourniture de services publics non marchands (non vendus sur un marché) ou de biens collectifs (État, organismes sociaux comme la sécurité sociale par exemple, éducation nationale, police, hôpitaux...) dont le but est de satisfaire l'intérêt général. Egalement, personnes morales privées à but non lucratif (associations, syndicats par exemple). Leur fonction principale est de produire aussi des services non marchands. La ressource principale des Administrations (État) est constituée par les prélèvements obligatoires (impôts directs et indirects + cotisations sociales), celle des personnes morales à but non lucratif par les cotisations, les dons...

Les institutions financières : elles sont représentées par les banques et les institutions de crédit. Leur fonction principale : collecter l'épargne des agents économiques et octroyer des crédits. Leur ressource principale : les intérêts perçus des crédits accordés, fonds provenant des engagements financiers contractés.

Le reste du monde (agent économique fictif) : il retrace toutes les opérations des agents économiques avec l'étranger. Sa fonction principale : importations (achats à l'étranger) et exportations (ventes à l'étranger) de biens et services. Sa ressource principale : devises pour un pays.

Les transactions ou les échanges effectués entre les ménages, les entreprises et le reste du monde sont des opérations qui portent sur les biens et services. Elles indiquent l'origine (ressource) et la destination (l'emploi ou l'utilisation) des biens et services.
Elles décrivent la provenance de ces biens et services. Ils proviennent de la production réalisée en France par les agents économiques entreprises résidents sur le territoire et des importations (échanges avec l'extérieur, ici achats de la France à l'étranger représentés par l'agent fictif le reste du monde).

Ensuite, ces biens et services représentant les ressources économiques (richesses réelles ou matérielles) sont employés par ces mêmes agents économiques et par d'autres. Une partie de ces richesses va être consommée par les ménages (consommation finale), une autre partie va servir pour les entreprises à investir, c'est-à-dire fabriquer des machines, de l'outillage, de nouvelles capacités de production (création d'usines, filiales, équipements industriels…), donc à former du capital fixe (Formation Brute de Capital Fixe) ou encore à constituer leur stock. Enfin, une dernière partie va être vendue à l'étranger, c'est-à-dire exportée (reste du monde).

L'entreprise ne fait pas que produire, elle distribue aussi des revenus à ceux qui ont contribué à la production. Le niveau des revenus dépend donc du niveau de la production. Lorsque la production augmente, le niveau des revenus et plus particulièrement celui des salaires devrait augmenter aussi. Cette première répartition des revenus entre tous les agents économiques qui ont produit directement et indirectement, est appelée : *Répartition primaire.*
L'Administration (l'État) vient corriger cette répartition primaire des revenus très inégalitaire entre les agents économiques grâce aux prélèvements obligatoires (impôts + cotisations sociales), qu'elle redistribue ensuite, sous forme de prestations sociales monétaires aux différents agents (ménages, entreprises) et sous forme de services publics (hôpitaux, éducation nationale…). Cette redistribution est qualifiée de *Répartition secondaire*. Ces deux agents effectuent des opérations de répartition des richesses qui portent sur la distribution et la redistribution des revenus. L'un, notamment l'entreprise, à partir de la richesse créée par les parties prenantes qui l'ont produite, distribue une part de cette richesse (production appelée valeur ajoutée) à chacun sous forme de revenus du travail (salaire versé aux salariés), sous forme de revenu du capital (revenu des actionnaires c'est-à-dire les dividendes) et sous forme de revenu de l'entrepreneur (profit). L'autre (l'État), par son mécanisme de redistribution, modifie cette répartition primaire des richesses afin de corriger les inégalités de revenus entre les agents économiques.

Quant aux institutions financières, elles effectuent des opérations financières. Elles financent l'activité économique grâce aux crédits. Elles alimentent en monnaie les trois moteurs de notre économie.

Ce financement permet de faire tourner ces trois moteurs Production-Répartition-Consommation. C'est finalement le carburant du moteur de l'économie. Sans lui, ce serait la panne sèche (cas de la récession en 2008-2009 et celle de 2019-2020 liée à la pandémie).
Et inversement, trop de monnaie en circulation pourrait provoquer son emballement et favoriser l'inflation selon certains économistes.
C'est comme l'eau et la fleur. Si on arrose trop la fleur, elle se noie et meurt. Et si on ne l'arrose pas suffisamment, elle meurt aussi. La monnaie a le même rôle en économie que l'eau pour la fleur. Tout dépendra de sa régulation par les banques centrales.
Toutes ces opérations accomplies par ces divers agents économiques s'effectuent sur divers marchés. Ils coordonnent leurs relations et leurs décisions économiques.

Où s'effectuent les relations entre les agents économiques ?

Elles s'effectuent sur les différents marchés.

Le marché est un lieu « virtuel » où se rencontrent des offres et des demandes de biens ou services, des offres et des demandes de travail, des offres et des demandes de capitaux et de devises, et sur lequel se fixe librement le niveau des prix.

Quels sont ces marchés ?

Le marché des biens et services : il met en relation les offreurs (producteurs, entreprises) et les demandeurs (les consommateurs ou ménages), sur lequel se fixe librement le prix des biens et services marchands en fonction du comportement rationnel de chacun.
Le marché du travail : il met en relation les demandes de travail émanant des entreprises et des offres de travail provenant des salariés et sur lequel se fixe librement le niveau du salaire.
Le marché des capitaux (financier) : il met en relation les offreurs de capitaux c'est à dire ceux qui ont des capacités de financement (banques, épargnants, investisseurs…) avec les demandeurs de capitaux qui ont des besoins de financement (entreprises, État), sur lequel se fixe librement le niveau des taux d'intérêt.

Le marché des changes : il met en relation des offreurs et les demandeurs de devises lors d'opérations commerciales internationales, sur lequel se fixe librement le taux de change d'une monnaie (le prix de conversion d'une monnaie en une autre monnaie).

Comment peut-on représenter les relations entre tous les agents économiques coordonnées par les marchés ?

Elles sont représentées sous forme d'un circuit économique que l'on peut comparer à une pièce de théâtre dans laquelle chaque comédien joue un rôle bien précis, et dans laquelle les comédiens par leurs répliques interdépendantes, font vivre les scènes.

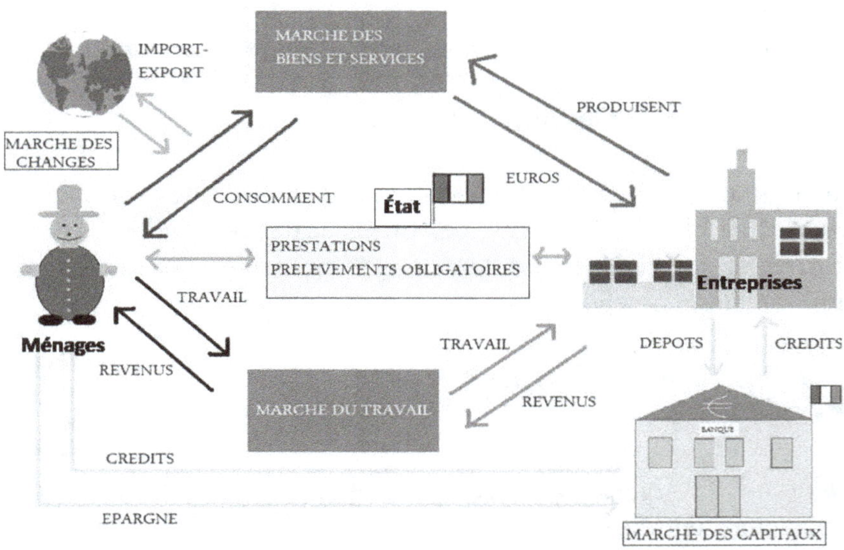

On peut tirer plusieurs remarques du circuit économique :

Première remarque : les relations entre les agents économiques sont interdépendantes comme celles des comédiens entre eux dans une pièce de théâtre.
Deuxième remarque : leurs échanges se traduisent par des flux réels (bien ou service) et des flux monétaires (monnaie).

Troisième remarque : les actes économiques effectués par les agents économiques sont regroupés en trois grandes catégories d'opérations : *opérations sur les biens et services, opérations de répartition de revenus et des opérations financières.*
Quatrième remarque : L'interdépendance des agents économiques. Il suffit qu'un de ces trois moteurs tourne au ralenti ou s'arrête, pour que toute l'activité économique se bloque. Par exemple si le moteur de la production ralentit son régime (récession de la France en 2009-2010 liée à la crise financière et la récession en 2019-2020 liée à la pandémie), le niveau des revenus baisse, donc le moteur de la répartition à son tour réduit son régime, les ménages ont ainsi moins de pouvoir d'achat, ils réduisent leur consommation, et le troisième moteur se trouve ainsi affecté par cette diminution. Le carnet de commande des entreprises diminue, elles utilisent donc moins de facteur de production (notamment du travail) pour produire, ce qui aggrave le chômage.

Ces relations entre les agents économiques sont analysées en économie par deux principales écoles.

L'école classique et néo-classique, dit courant libéral (Adam SMITH (1723/1790) fondateur du courant avec David RICARDO (1722/1823) et Léon WALRAS (1834/1910)). Elle regroupe les économistes orthodoxes qualifiés de néolibéraux. Ces économistes posent le postulat qu'il suffit d'analyser le comportement rationnel d'une seule personne pour comprendre le fonctionnement global de l'économie (approche microéconomique). Cette vision de l'économie est l'outil privilégié des économistes libéraux pour qui l'essentiel de l'activité économique est résumé par le comportement marchand du consommateur rationnel et du producteur lui aussi rationnel, sous les hypothèses d'une concurrence pure et parfaite sur le marché nécessitant un désengagement de l'État. Pour ce courant de pensée, l'offre est le moteur de l'activité économique. Autrement dit, l'entreprise est considérée comme l'acteur économique principal à leurs yeux.
L'école Keynésienne et post keynésienne (John Meynard KEYNES (1883/1946)). Elle regroupe les économistes hétérodoxes. La plupart de ces économistes s'intéressent aux grandeurs économiques globales et à leur interdépendance. Ils ont une vision macroécomique, c'est-à-

dire une vision globale de l'économie. Ils justifient une intervention de l'État grâce aux dépenses publiques pour soutenir l'activité économique en privilégiant la demande globale. La demande serait à leurs yeux le moteur de l'activité économique.

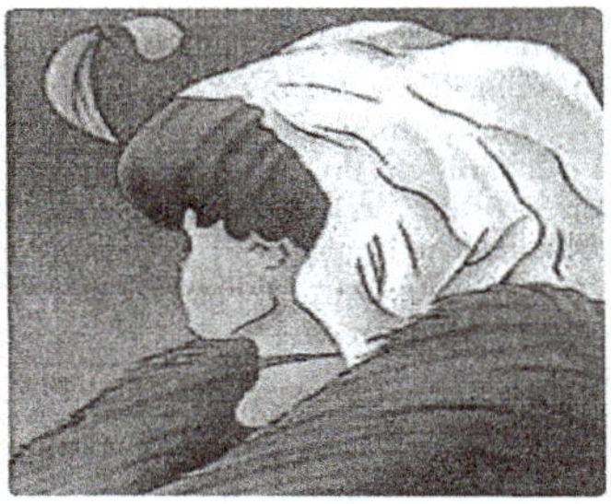

Jeune ou vieille ?

Ces courants d'analyse perçoivent de manière différente le fonctionnement de l'économie. C'est pourquoi l'économie reste une science humaine. Elle a la plus grande difficulté à modéliser les relations entre les agents économiques. En effet, un fait social n'est pas seulement un fait économique mais aussi il est sociologique, historique, psychologique, culturel, juridique, politique… Toutes ces dimensions sont liées. Le fait économique n'est alors qu'une vision simplifiée de cette globalité. Il devient impossible d'isoler le fait social dans un laboratoire. L'économiste fait partie lui-même de ce qu'il observe, et ce qu'il voit dépend de ce qu'il est, et de ce qu'il veut et peut voir dans le contexte dans lequel il se trouve.

Nous retrouverons ces divergences d'analyse et de perception de l'économie dans les différents thèmes qui seront abordés dans l'ouvrage.

Donc, par leurs décisions, leurs échanges nationaux et internationaux, leurs actes économiques, les agents économiques font tourner les trois moteurs interdépendants de l'activité économique. Ils produisent des richesses, ils perçoivent des revenus et ils consomment les richesses qui ont été produites. Ils financent aussi ces trois moteurs pour qu'ils puissent fonctionner. L'État assure leur réglage en cas de défaillance.

Cette interdépendance des agents économiques, qui peut être représentée sous forme de circuit économique, caractérise la complexité de l'économie et rend impossible sa modélisation globale,

c'est pourquoi l'économie est une science inexacte qui suscite le débat.
Nous analyserons cette interdépendance entre les agents économiques à partir de quatre thèmes :

Thème 1 : Les trois moteurs de l'activité économique : Production-Répartition-Consommation

Thème 2 : Le financement de l'activité économique

Thème 3 : Le réglage de l'activité économique

Thème 4 : Le dérèglement de l'activité économique : l'inflation, le chômage

Thème 1 :

Les trois moteurs de l'activité économique : Production – Répartition - Consommation.

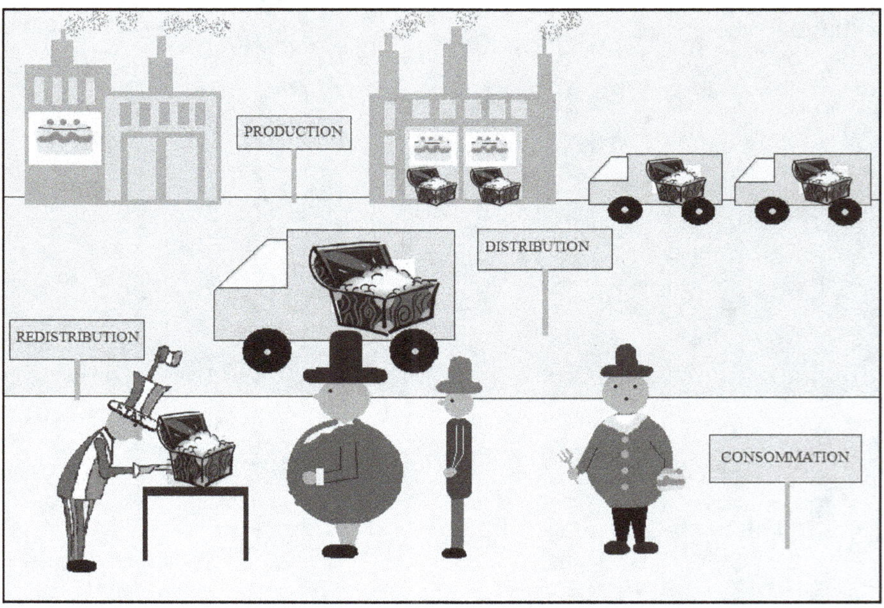

I- Le moteur de la production et son fonctionnement

« Produire pour avoir ou être, telle est la question ? »

Il crée la richesse économique de notre pays grâce à la production de biens et services mesurée par le PIB (Produit Intérieur Brut). Il représente le moteur de la croissance économique.
Cette création de richesse s'effectue à partir des facteurs de production : *Ressources naturelles, Travail et Capital*. Ces facteurs de production déterminent le volume de la croissance économique. Ce rouage est fondamental car il garantit la croissance économique de notre économie et détermine la distribution des revenus aux agents économiques qui le font fonctionner grâce à leur travail et à leur capital. Parfois en tournant à plein régime, il devient défaillant et dégage des externalités négatives comme : la précarité du travail, les inégalités, la pollution, le réchauffement climatique, la diminution de la biodiversité, l'épuisement des ressources naturelles et la disparition des espèces animales et végétales, mettant en cause son fonctionnement.

La production est un processus où les facteurs de production travail et capital, sont utilisés et combinés dans l'entreprise de manière à créer et obtenir des biens ou services. Son augmentation sur une longue période définit la croissance économique.

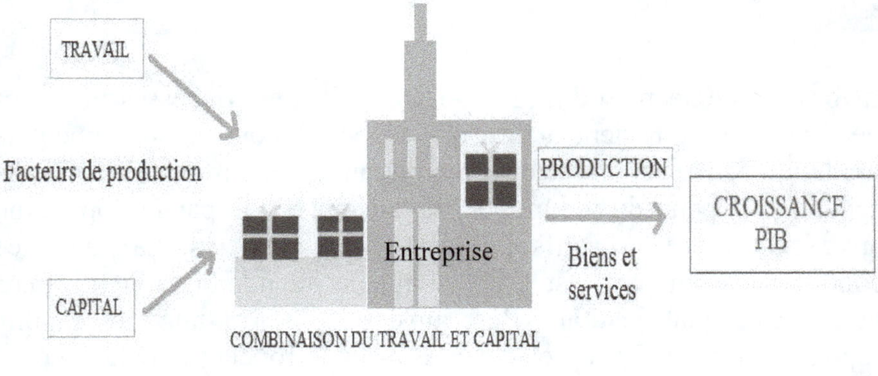

L'activité économique va dépendre de l'utilisation des facteurs de production et de leur combinaison.

1) Les facteurs de production

• Le facteur travail

D'un point de vue économique, le travail est un facteur de production, source de création de valeur et de richesses. C'est une activité productive rémunérée. On peut dire que c'est un ensemble d'activités physiques ou intellectuelles, organisées, coordonnées, rémunérées, effectuées par des agents économiques en vue de produire des biens ou des services afin de satisfaire les besoins.

Selon une approche microéconomique, c'est-à-dire en se situant dans le cadre de l'entreprise, le travail représente l'activité du personnel dans l'entreprise caractérisée par la main d'œuvre ou encore par l'ensemble des ressources humaines.
Selon une approche macroéconomique, c'est-à-dire globale, le travail est représenté ici par la population active (actifs occupés + chômeurs disponibles, en termes de personnes (actifs) et en termes de durée (heures de travail)). On parle dans ce cas de volume ou de quantité de travail.

Alors comment le travail contribue-t-il à la production ?

La formule de Jean Bodin (1529-1596) « il n'est richesses ni forces que d'hommes » revient à dire que la population, et notamment la population active est un facteur de croissance économique. En effet, la production dépend du volume de travail représenté par la population active c'est-à-dire les actifs occupés et les chômeurs. La puissance économique d'un pays est proportionnelle au nombre d'actifs mais aussi à leur qualification. C'est ainsi que le fort taux de natalité d'après guerre en France et dans les pays européens a contribué de

manière incontestable à la croissance des « 30 glorieuses ». En revanche, le vieillissement actuel de sa population fait craindre une atonie de notre économie et une remise en cause de notre modèle social (notre système de retraite par exemple).
Mais cette liaison positive entre croissance et population semble plutôt être réservée aux pays riches. Cependant, certains pays émergents après avoir été handicapés par leur démographie, ont tiré profit quantitativement de leur population active pour améliorer leur compétitivité et leur croissance économique. C'est le cas de la Chine, qui selon la loi de proportion des facteurs (théorème d'Hecksher-Ohlin sur la dotation factorielle), s'est spécialisée dans la production de biens utilisant le facteur travail, celui-ci y étant abondant et peu coûteux. Au contraire, dans d'autres pays, la population peut freiner la croissance (Pays les moins avancés) en raison d'un déséquilibre entre la production et le niveau quantitatif et qualitatif de la population active.

Le facteur travail contribue quantitativement et qualitativement à la production.

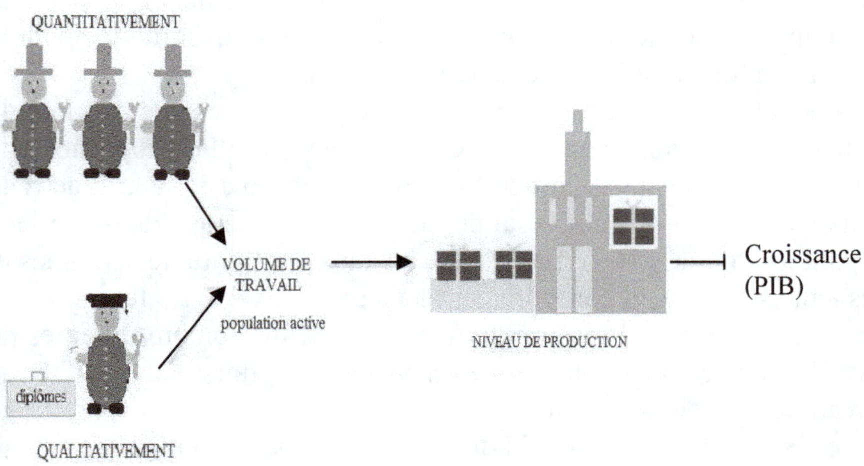

Il y contribue d'abord quantitativement.

Le volume de travail dans une économie dépend du nombre d'actifs disponibles, donc du niveau de la population active.
La population active est tributaire des variations démographiques. Celles-ci font varier la population active soit à la hausse, soit à la baisse. Le niveau du taux de natalité et l'âge légal de départ à la retraite sont les deux principaux déterminants démographiques de l'évolution quantitative de la population active et donc du volume de travail disponible de notre économie. En effet, le niveau de la population active augmente quantitativement les offres de travail. L'arrivée massive des jeunes issus du baby boom d'après guerre, sur le marché du travail explique en partie la croissance de la population active.
Si le nombre d'actifs croît plus vite que le nombre d'emplois, c'est-à-dire plus vite que les demandes de travail des entreprises, une partie de cette population se retrouve au chômage. Le travail est trop abondant pour produire. Et si on repousse l'âge légal de départ à la retraite de 62 ans à 65 ans ou 67 ans, cela retarde les départs des salariés du marché du travail, cela réduit les emplois pour ceux qui entrent sur le marché du travail et cela peut aggraver le chômage démographiquement. Au contraire, si l'on abaisse l'âge de la retraite à 60 ans, cela permet aux plus jeunes entré(e)s sur le marché du travail d'occuper les emplois ainsi libérés, donc d'adapter quantitativement le volume du travail au volume de la production.
Cependant, une population nombreuse ne garantit pas une quantité de facteur de travail abondante. Cela dépend de la proportion de personnes actives. Cette proportion est mesurée par le taux d'activité (taux d'activité = effectif de la population active en âge de travailler / population totale x 100). En France, les taux d'activité des hommes et des jeunes diminuent contrairement au taux d'activité des femmes.
Le volume de travail disponible dépend aussi du nombre d'heures de travail qu'effectue en moyenne chaque actif, donc la quantité de travail dépend de la durée du travail.
En effet, la durée légale du travail détermine le temps de travail qu'accomplit un salarié dans le cadre de la production de biens et services.
Cette durée a tendance à diminuer en moyenne grâce au progrès technique et au progrès social.

Cette diminution est plus ou moins critiquée, car pour produire plus, il faut travailler plus selon une logique productiviste : celle de « *l'avoir plus* ». La loi sur les 35 heures, ayant fait baisser la durée hebdomadaire (de 39h à 35h) renchérirait ainsi le coût de l'adaptation du volume du travail à celui de la production selon les partisans de la suppression des 35 heures. Cependant, on peut aussi travailler mieux et produire plus, en travaillant moins grâce au progrès, grâce à la productivité du travail, ou encore grâce au partage du travail, et produire mieux selon la logique de « *l'être mieux* » qui est une autre vision du rôle de la durée du travail dans la croissance.

Il y contribue aussi qualitativement.

La population active en France est de plus en plus diplômée et de mieux en mieux formée.
La main d'œuvre mieux formée améliore la qualité du travail, accroît sa productivité, c'est-à-dire le rendement du travail. Elle favorise l'accroissement de la production.
On parle dans ce cas de ressources humaines, voire de capital humain, et non plus simplement de facteur de production.

Gary Becker prix Nobel d'économie en 1992. Il a développé la théorie du *capital humain*. Cette théorie a fourni un certain nombre d'apports : justification des dépenses publiques d'éducation, de formation et de santé. Donc une main d'œuvre mieux formée et mieux soignée produit plus et mieux. De telles dépenses sont des dépenses d'investissement et non de fonctionnement qui valorisent ce capital immatériel. Le travail est considéré comme une ressource humaine plutôt qu'un coût. Cette théorie a été prolongée par les théories de la croissance endogène par Paul Romer (1986), Robert Lucas (1988) et par la théorie des capacités (A. Sen 2000).

Cette évolution répond au niveau de plus en plus élevé des exigences en qualifications pour les emplois qui se créent grâce à l'essor des nouvelles technologies et aux innovations.
Malgré cette évolution, la part des emplois non qualifiés reste importante. De plus, elle s'accompagne d'une expansion inquiétante des emplois précaires qui touchent en priorité les jeunes, ce qui fragilise la croissance économique. D'où la nécessité de développer davantage la formation professionnelle continue obligatoire.

La loi du 5 septembre 2018, réformant le système de la formation professionnelle initiale (apprentissage) et continue, encourage son développement. Or, malgré cette réforme, beaucoup d'entreprises considèrent encore la formation comme un coût plutôt que comme un investissement.
Pour accroître la production et améliorer la compétitivité, l'économie a besoin d'une population active qualifiée. L'efficacité du facteur travail dépend d'un autre facteur de production : le facteur capital. Mais, le capital peut lui-même être plus ou moins productif.

- Le facteur capital

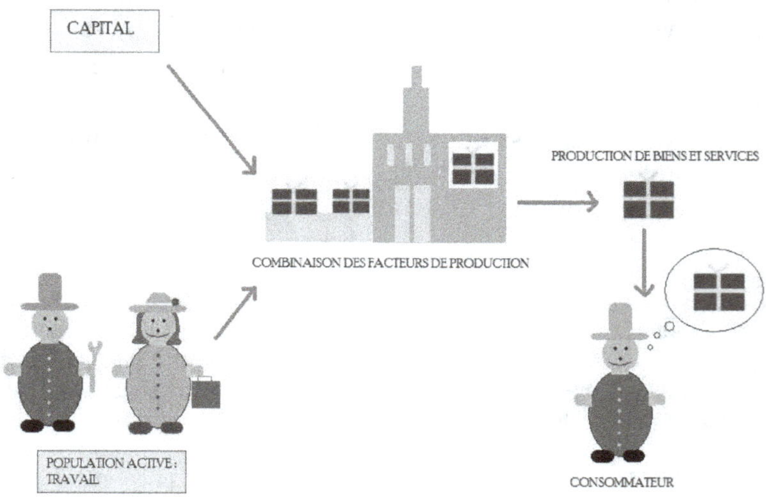

Le mot capital est couramment utilisé sous de multiples formes.
Sur le plan comptable et juridique, le capital est l'élément du Passif du bilan d'une entreprise, c'est une ressource qui permet de constituer l'Actif du bilan. On considère de ce point de vue le capital sous sa forme financière (apport de l'entrepreneur ou des associés). On parle de capitaux propres lorsqu'ils appartiennent à l'entreprise, de capitaux étrangers si se sont des dettes, et de capital social si l'entreprise est une société (*capital social = valeur nominale de l'ensemble des apports des associés de l'entreprise).*
Sur le plan économique, le capital est l'ensemble de biens qui participent à la fabrication d'autres biens, et qui vont servir plusieurs

fois au cours de l'activité productive. Ce sont des biens qui constituent le capital technique ou encore le capital fixe (ensemble des moyens de production durables : matériel, outillage, machines, bâtiments, infrastructures…) et qui participent à plusieurs cycles de production. Le capital technique représente ainsi un facteur de production. L'efficacité du capital s'accroît au fur et à mesure qu'il incorpore du progrès technique grâce à l'investissement.

Comment se forme-t-il et se développe-t-il ?

Il se forme et se développe grâce à l'investissement.
L'investissement est un acte économique, c'est-à-dire une dépense effectuée par les entreprises, les ménages ou l'État, qui consiste à affecter des ressources financières à l'achat de capital technique afin d'accroître la production et d'en retirer un profit ou une satisfaction.
Il se mesure par le taux d'investissement : FBCF (Formation Brute de Capital Fixe) /P.I.B.x100.
Il indique la capacité de production d'un pays, son dynamisme économique. Il devient ainsi le facteur essentiel de la croissance de la production. Il est la source de l'accumulation du capital.

Comment classer les investissements ?

Selon leur origine : on distingue les investissements privés réalisés par les entreprises et les ménages. Les investissements publics effectués par l'État, les collectivités locales ou les administrations publiques (exemples : construction ou rénovation des établissements scolaires, construction de routes, d'hôpitaux…).

Selon leur nature : investissements matériels (renouvellement de matériel…), investissements immatériels (dépenses en recherche, logiciels, dépenses publicitaires…), et investissements financiers (fusion d'entreprises, placements financiers en bourse…).

Selon leurs objectifs : investissements de capacité, c'est-à-dire accroissement des capacités de production de l'entreprise (création d'une filiale, augmentation des équipements…). Ils sont source de croissance extensive et provoquent des créations d'emplois. Les investissements de productivité consistent à substituer du capital au travail afin d'améliorer la productivité (robotisation d'une chaîne de production, automatisation de la production, installation d'automates comme les péages automatiques des autoroutes, développement des algorithmes…). Ils sont source de croissance intensive, et provoquent des suppressions d'emplois à court terme dans l'entreprise qui réalise de tels investissements (remplacement de l'homme par la machine). Et les investissements de remplacement servent à renouveler le capital obsolète.

Quels sont les déterminants de l'investissement ?

Plusieurs facteurs vont déterminer la décision d'investir des agents économiques (plus particulièrement des entreprises). On peut les classer en deux grandes catégories : les déterminants économiques et les déterminants financiers.

On peut retenir trois principaux déterminants économiques.

Le niveau de la demande intérieure et extérieure : si la demande augmente, le carnet de commandes des entreprises augmente, elles seront incitées à accroître leurs capacités de production (capital technique) pour répondre à cette hausse. Les entrepreneurs décideront d'investir car il y aura plus de débouchés pour vendre leur production. Le niveau de la demande détermine le niveau de la production ainsi que celui de l'emploi. L'investissement est tributaire de la demande adressée aux entreprises.

J.M. KEYNES (5 juin 1883 - 21 avril 1946) est un économiste britannique de notoriété mondiale, fondateur de la macroéconomie (économie globale) et du rôle majeur de la demande. En effet, la demande est le démarreur du moteur de l'économie. Elle est anticipée par l'entrepreneur et c'est son niveau qui détermine le niveau de la production et celui de l'emploi. Si elle est insuffisante il y a une hausse du chômage, l'État doit donc intervenir et la relancer par ses dépenses publiques (investissements publics) afin de refaire démarrer l'activité économique. Par leur effet multiplicateur elles accroissent la demande en augmentant les revenus des agents économiques concernés par ces dépenses et les incitent donc à investir. Cas de la France pour sortir de la récession liée à la crise sanitaire 2019/2020.

La rentabilité espérée de l'investissement : les recettes dégagées et escomptées de l'investissement doivent être supérieures aux dépenses engagées sinon l'investissement ne sera pas rentable et l'entrepreneur n'investira pas. L'entrepreneur prend un risque qui doit être couvert par la rentabilité.

Le taux d'utilisation des équipements : lorsque la demande est forte et que le taux d'utilisation est élevé ou à son optimum c'est-à-dire que les machines tournent à plein régime, l'entrepreneur va investir donc acheter de nouvelles machines pour répondre à cette hausse de la demande. Dans le cas contraire il n'investira pas et fera tourner davantage ses machines sous utilisées.

Et on peut retenir deux principaux déterminants financiers.

Le niveau des profits : leur niveau va inciter l'entrepreneur à investir car il disposera de capacités d'autofinancement nécessaires pour financer son investissement. Donc plus les profits sont élevés et plus l'entreprise a des possibilités financières pour investir (cf. théorème de H. Schmidt *« Les profits d'aujourd'hui sont les investissements de demain et les emplois d'après demain »*). La réalité économique nous montre que cela n'est pas une condition suffisante. En effet, les grandes entreprises réalisent des profits très élevés mais n'investissent pas ou peu, préférant le court terme au long terme, ou encore préférant rétribuer davantage leurs actionnaires plutôt que d'anticiper la demande et d'investir. Cela affaiblit l'activité des petites et moyennes entreprises sous-traitantes qui sont dépendantes des investissements des grandes entreprises. C'est pourquoi, malgré la hausse des profits, l'investissement reste plutôt faible. C'est le cas de la France depuis la financiarisation du capital qui s'est développée à partir de la fin des années 80.

Le niveau des taux d'intérêt : plus le niveau des taux d'intérêt pratiqués par les banques est élevé, moins les entrepreneurs investissent car cela coûte plus cher et c'est donc moins rentable. C'est le cas pour les PME (petite et moyenne entreprises) qui faute de profit suffisant ont recours au crédit pour financer leurs investissements, et si celui devient plus cher, elles renoncent à leurs investissements et ne peuvent pas s'agrandir et embaucher (cette rareté du crédit a été une des conséquences de la crise financière de 2008 qui a conduit les économies dans la récession). Ainsi, si le taux d'intérêt est supérieur au taux de rendement de l'investissement, l'entrepreneur n'investira pas ou préfèrera placer sur le marché financier secondaire (la Bourse) plutôt que d'investir.

On peut rajouter un autre déterminant qui vient compléter ces déterminants rationnels. C'est un déterminant lié à la personnalité de l'entrepreneur. Certains entrepreneurs ont une démarche entrepreneuriale, c'est-à-dire qu'ils innovent, prennent des risques et saisissent des opportunités. Ils anticipent l'avenir (par exemple les créateurs d'entreprise, Bill Gates, Steve Jobs…). Ils ont une prédisposition à investir et à innover.

Quels sont les effets de l'investissement sur notre économie ?

Il est un facteur de croissance économique. Il stimule l'activité économique en agissant sur le rouage de la production. Il garantit le développement économique. De plus, il accroît le volume de l'emploi en augmentant les capacités productives de l'entreprise et donc réduit le chômage. Il améliore aussi la compétitivité prix et qualité des entreprises puisqu'il permet à celles-ci de produire plus et mieux grâce à une meilleure productivité des facteurs de production. Ce qui favorise les exportations et augmente les réserves en devises du pays.

Il accélère l'innovation et empêche le vieillissement du système productif. Il est aussi un des vecteurs de la transition énergétique, à condition qu'il devienne un objectif partagé par les parties prenantes de l'entreprise. A condition aussi que les entreprises orientent leur stratégie vers des finalités environnementales.
Cependant, à côté de ses effets bénéfiques, il peut détériorer l'emploi s'il se réalise à l'étranger (délocalisations). Ou encore, s'il provoque une substitution du capital au travail, c'est-à-dire le remplacement de l'homme par la machine (automatisation du travail, utilisation des algorithmes).

L'investissement représente un des moteurs essentiels de l'activité économique par ses effets sur le rouage de la production : il permet de produire plus et de produire mieux.
Il détermine et conditionne ainsi le niveau de la croissance économique.
Mais ce niveau est lui-même conditionné par le choix de la combinaison des facteurs de production effectué par le chef d'entreprise.

Comment se réalise donc ce choix ?

L'entreprise utilise des facteurs de production : travail et capital, qu'elle combine pour produire des biens ou des services.
Afin d'optimiser ses coûts de production et de réaliser des gains de productivité, l'entrepreneur fait des choix de combinaison productive.

Cette combinaison du travail et du capital désigne la proportion variable de travail et de capital utilisée pour produire.

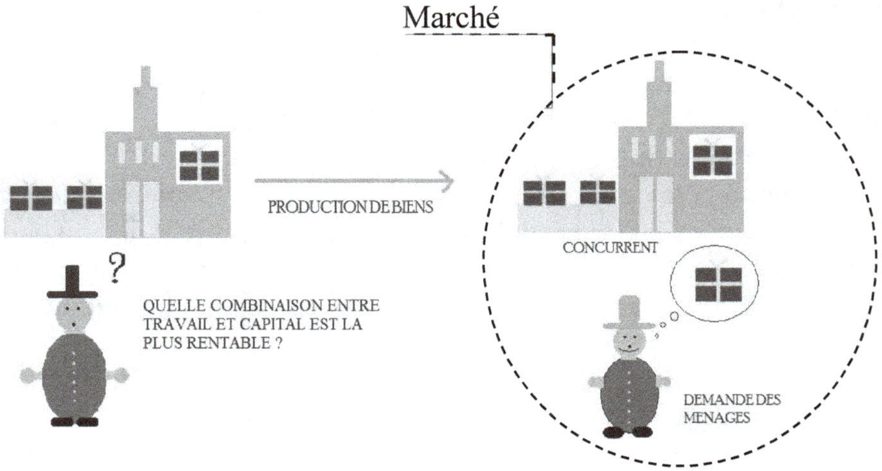

Or, à partir des coûts de ces facteurs de production, l'entrepreneur peut choisir de substituer du capital au travail ou inversement. Il recherche la combinaison optimale, c'est-à-dire celle qui coûte le moins et qui dégage le plus de rentabilité. Cette combinaison productive peut être ainsi plus ou moins capitalistique, c'est-à-dire incorporer plus ou moins de capital.

Le choix de la combinaison est restreint lorsque les facteurs de production sont complémentaires. Il n'y a qu'une seule combinaison (exemple du transport : à chaque camion (capital) correspond un chauffeur (travail)). L'augmentation d'un facteur entraîne l'augmentation de l'autre. Et la diminution d'un facteur entraîne celle de l'autre.

En revanche, le choix est varié lorsque les facteurs de production sont substituables, c'est-à-dire qu'ils peuvent être remplacés mutuellement, dans ce cas l'entrepreneur fait un choix entre plusieurs combinaisons possibles : soit il utilise plus de travail et moins de capital, soit le contraire. Ce choix aura une incidence à la fois sur l'emploi et sur le niveau des profits. Il aura aussi une incidence sur l'organisation sociale et technique de la production.

Cependant, il faut noter que dans la réalité les facteurs de production ne sont jamais totalement complémentaires ou substituables.

Le chef d'entreprise dans une démarche rationnelle, recherche la meilleure combinaison, celle qui permet de minimiser les coûts de production et de réaliser des gains de productivité maximisant les profits.

C'est le coût des facteurs qui conduit le chef d'entreprise à choisir la meilleure combinaison, la moins coûteuse.
Lorsqu'une entreprise produit, elle doit pour rechercher sa combinaison optimale, calculer son coût de production en distinguant : les coûts fixes qui sont indépendants de la quantité produite (le loyer, les salaires, assurance…) et les coûts variables qui varient en fonction de la production (les matières premières…). Cette distinction est essentielle pour analyser la conséquence de la variation du volume de la production sur le résultat de l'entreprise. L'objectif d'une entreprise est de maintenir les coûts de production, notamment celui du travail le plus bas possible dans une logique d'optimisation et dans un environnement concurrentiel.
Ainsi, si le coût du travail (salaire + cotisation sociales) est supérieur au coût du capital (amortissement + éventuellement intérêt), l'entrepreneur va choisir la combinaison la plus rentable, celle qui nécessite davantage de capital que de travail, dans ce cas il y a substitution du capital au travail, c'est-à-dire remplacement de l'homme par la machine, ce qui peut provoquer du chômage à court terme. Il est déjà intéressant de noter que la décision de production de l'entrepreneur a un effet sur le niveau du chômage et de la croissance.
Cette combinaison optimale cherchant à réduire à tout prix le coût du travail, précarise le travail et encourage une modération des salaires. Elle contraint les ménages à consommer moins, obligeant les entreprises, à leur tour, à produire encore moins cher, en comprimant davantage leurs coûts salariaux pour maintenir leur marge et trouver des débouchés. Elle enclenche ce cercle vicieux et paradoxal où la baisse des prix entraîne moins de débouchés pour les entreprises résidentes sur le territoire faute de demande suffisante.

Donc, le choix de la combinaison productive est fonction du coût relatif des facteurs de production. Cependant, le chef d'entreprise fait aussi son calcul en prenant en compte la productivité.

Mais qu'est-ce la productivité ?

La productivité est un indicateur de performance qui mesure l'efficacité et l'efficience des facteurs de production en comparant la production aux facteurs de production (travail et capital) utilisés.

Lorsque la productivité a augmenté on dit que l'on a réalisé des gains de productivité. Ils traduisent une économie de moyens par rapport au résultat obtenu. Les gains de productivité élevés d'après guerre ont contribué à l'augmentation de la croissance économique durant la période des trente glorieuses. La progression de la production était supérieure à celle de la productivité, mais depuis la fin des trente glorieuses ce n'est plus le cas.

D'où proviennent ces gains de productivité ?

Le développement du progrès technique, de l'innovation, les nouvelles organisations de la production et du travail, ainsi que la formation et la qualification des salariés sont les principales sources de l'accroissement de la productivité.

Quels sont les effets des gains de productivité sur notre économie ?

Les effets diffèrent selon la manière dont les gains sont partagés. Les choix de la répartition des gains de productivité entre toutes les parties prenantes vont avoir des effets sur l'activité économique et sur les comportements des agents économiques.
Ce surplus de richesse grâce aux gains de productivité, se partage entre une hausse des salaires, une réduction de la durée du travail profitant aux salariés et une hausse des profits et baisse des prix bénéficiant à l'entreprise et aux ménages.
Une hausse de salaire, c'est plus de consommation pour les ménages aux revenus modestes augmentant la demande globale et donc le carnet de commandes des entreprises. Cette demande supplémentaire, incite les entreprises à investir pour produire plus, créant ainsi davantage de croissance économique et d'emplois. La baisse de la durée du travail quant à elle, facilite la réduction du chômage à condition qu'en travaillant moins individuellement, nous travaillons plus collectivement.
La baisse des prix, stimule elle aussi la consommation, permettant aux ménages de gagner du pouvoir d'achat. Elle améliore également la

compétitivité des entreprises, ce qui favorise les exportations et augmente ainsi la croissance économique du pays.
Les entreprises peuvent aussi garder une partie des gains de productivité sous forme de hausse des profits. Cela peut les aider à financer une partie de leurs investissements par l'autofinancement.
Grâce à de nouveaux investissements intégrant des équipements plus modernes, elles réalisent à nouveau des gains de productivité permettant d'auto entretenir le cycle de la productivité.
De plus, cet accroissement de la production génère des rentrées fiscales et sociales servant à financer la croissance des dépenses publiques, qui à leur tour participent à la croissance du PIB.
L'utilisation des gains de productivité et leur partage ont une incidence sur la croissance économique et sur l'emploi. En permettant de stimuler la demande, ils favorisent les trois moteurs de l'activité économique.
Cependant, ils peuvent aussi s'accompagner d'une baisse de l'emploi et de l'activité dans un contexte de stagnation de la demande et de concurrence forte. Cette situation pousse les entreprises à rechercher des gains de productivité soit en délocalisant, soit en substituant du capital au travail, ce qui aggrave le chômage.
Si la productivité progresse plus vite que la production, elle entraîne des suppressions d'emplois. On peut dire ici que le progrès technique, en accélérant la progression de la productivité, aggrave le chômage sur le court terme. En revanche, sur une longue période, il crée des emplois dans d'autres secteurs d'activité en faisant naître de nouveaux besoins.

Ces gains ont des effets à la fois positifs et négatifs sur l'emploi. Ils permettent généralement de faire tourner le moteur de la production afin d'accroître les richesses, et d'espérer des taux de croissance toujours plus élevés pour notre bien être. Mais, parfois à trop vouloir augmenter son régime, il peut provoquer des nuisances qui remettent en cause notre modèle de croissance ainsi que celui de l'humanité.

2) Le résultat de la production : la croissance économique

A. Souchon

[…] « *Que le bonheur c'est d'avoir, de l'avoir plein nos armoires* » […]

Comme le dit la chanson d'Alain Souchon, « *De l'avoir plein nos armoires* », grâce à qui ? Et bien, grâce à la hausse de la production, c'est-à-dire grâce à la croissance !

Mais qu'est-ce que la croissance ?

La croissance est une augmentation soutenue de la production de biens et services sur une ou plusieurs périodes. C'est donc un phénomène quantitatif et de longue durée que l'on peut mesurer. Elle est soumise à des fluctuations courtes ou longues, expliquées soit par des mécanismes conjoncturels (hausse du prix de l'énergie et des matières premières), soit structurels (crise financière de 2008, crise sanitaire de 2019-2020), avec des phases de hausse, grâce aux innovations (cf. Schumpeter) et de ralentissement ou de baisse d'activité.
Cette production peut être marchande c'est-à-dire réalisée par des producteurs privés et vendue sur un marché, dans le but de réaliser des profits.
Cette production peut être également non marchande c'est-à-dire réalisée par l'État, notamment par les services publics afin de satisfaire l'intérêt général (éducation, santé, recherche, transport public…).

Comment la mesure-t-on ?

Elle se mesure à partir du PIB (Produit Intérieur Brut). C'est un indicateur économique (agrégat) qui permet d'évaluer l'ensemble des biens et services produits sur le territoire national quelque soit la

nationalité des producteurs résidents en France. Il se calcule en faisant la somme des valeurs ajoutées de tous les agents économiques résidant en France.
Valeur Ajoutée = Chiffre d'affaires – Consommation intermédiaire.
Il peut être évalué soit en **valeur**, c'est-à-dire en euros courants (avec l'inflation), ce qui signifie que le PIB augmente à cause d'une hausse des prix alors que la richesse réelle n'a pas augmenté (PIB = quantité produite **x** prix). Soit en **volume**, c'est à dire en euros constants (sans l'inflation), il mesure la richesse réelle car on efface la hausse des prix en faisant la ratio PIB en valeur / Indice des prix. Il est le plus représentatif de la richesse créée.
Un autre indicateur est aussi utilisé : le PNB (Produit National Brut). Celui-ci ne retient que la production nationale.
Donc, le PIB exprime la quantité de richesses produites dans un pays. Cependant, il reste un indicateur très discutable.

Pourquoi un indicateur discutable ?

Le PIB est un indicateur très imparfait. Il ne prend pas en compte les externalités négatives de la croissance telles que la pollution, l'émission de Gaz à Effet de Serre (GES), la disparition des espèces animales et végétales, la réduction de la biodiversité. Pourtant, de tels dérèglements sont néfastes à l'ensemble de notre économie. Alors comment peut-on parler dans ce cas de richesse assurant le bien être de tous les agents économiques ?

D'un autre côté, il ne tient pas compte des améliorations qualitatives : amélioration de la santé, des soins, de la sécurité, de l'éducation et des efforts déployés pour protéger l'environnement.
De plus, il considère que le bénévolat n'a pas de valeur donc qu'il ne crée pas de richesse, car la contribution des bénévoles à la production n'est pas comptabilisée dans le PIB (les bénévoles des Restos du cœur par exemple) puisqu'ils ne sont pas rémunérés. La création de valeur dans ce cas, ne serait-elle que marchande aux yeux des comptables ?
En outre, il n'évalue la production des services publics qu'à travers leurs coûts sans mesurer la richesse qu'ils apportent à l'ensemble des agents économiques (réseau routier, écoles, hôpitaux, sécurité…). Il

fausse ainsi l'appréhension et l'estimation de la création de valeur des services publics en ne faisant apparaître que l'aspect coût de leur production à l'égard des agents économiques. Il ne tient pas compte non plus du travail au noir.
Enfin, le PIB moyen par habitant est une moyenne qui ne fournit aucune indication sur la répartition de la richesse (valeur ajoutée) créée et sur les inégalités sociales.

Cependant, il reste un indicateur encore utile et toujours utilisé pour faire des prévisions, pour élaborer des politiques économiques, pour justifier les décisions économiques, et même pour spéculer.
Il n'est que le reflet d'une économie fondée sur « l'avoir plus » permettant à chaque acteur économique d'avoir davantage et donc pouvoir satisfaire ses besoins selon l'adage « c'est en ayant plus que l'on vit mieux ». La performance de l'économie n'est pas seulement quantitative, elle est aussi qualitative. Or, cet aspect de la croissance semble échapper à la logique comptable. Pourtant, le bien être des individus, est aussi un facteur de croissance économique, car plus on est heureux et en bonne santé, plus on est performant.
Or, pour mieux mesurer la richesse, d'autres indicateurs sont venus compléter le PIB tels que l'I.D.H (Indice de Développement Humain) retenant la combinaison de trois éléments : niveau de vie + espérance de vie + taux alphabétisation et de scolarisation, ou encore l'IBEE (indicateur de bien-être économique).

Le bonheur peut-il se calculer et se mesurer alors qu'il est subjectif ?
Le taux de croissance du PIB est un signe de bonne santé économique puisqu'il détermine le niveau de l'emploi, conditionne notre niveau de vie et garantit l'augmentation des ressources de notre protection sociale.

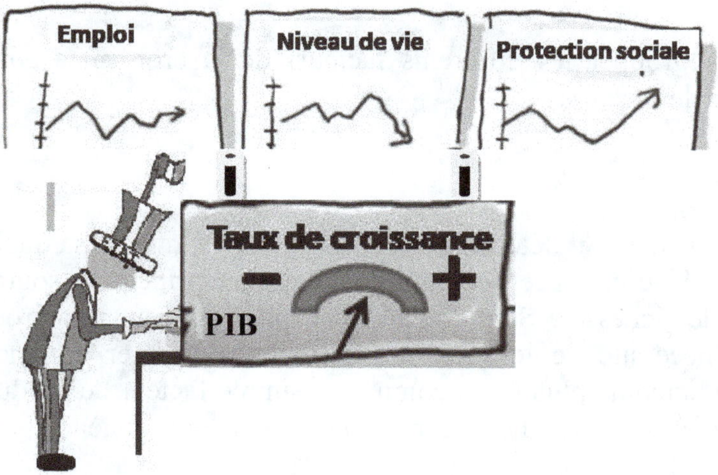

C'est pourquoi tous les gouvernements guettent son évolution et cherchent à le soutenir malgré les effets secondaires qu'il peut avoir sur l'environnement.
Cette course au toujours plus de richesses, toujours plus de profits, toujours plus de consommation, nous fait croire à un bonheur économique garanti par la croissance.
C'est pourquoi une croissance toujours plus forte est tant recherchée par tous les Gouvernements !

Alors quels sont les facteurs et les acteurs qui contribuent à la croissance ?

La croissance dépend de plusieurs facteurs : en premier lieu du travail et du capital mis en œuvre, ainsi que du progrès technique. Elle est également soumise à d'autres facteurs tels que le capital humain, les innovations technologiques. Mais pour que les entreprises puissent produire il est nécessaire qu'il existe une demande soutenue capable de lui assurer les débouchés. Cette demande peut provenir de la consommation, de l'investissement (ceux des entreprises et des ménages), ou des dépenses publiques et des échanges extérieurs (mondialisation de l'économie).

• Les facteurs de la croissance économique

On peut regrouper les différents facteurs de la croissance en deux catégories de facteurs.

Les facteurs liés à l'offre :

Le facteur travail : il détermine à la fois par sa quantité et sa qualité le niveau de la croissance économique. Il est la principale source de création de richesses. Sans travail, le capital ne peut pas produire. D'où la nécessité de le valoriser et de le considérer comme une ressource humaine plutôt que comme un simple facteur de production ayant un coût selon les théoriciens de la croissance endogène.

L'investissement : acte économique formant le capital technique contribue à la croissance, car c'est lui qui détermine les capacités de production des entreprises. Il permet de produire plus et de produire mieux. W.W. Rostow (1916-2003) dans son essai « *les étapes de la croissance économique* », considère l'étape du décollage parmi les cinq étapes de la croissance, comme la plus décisive grâce à l'investissement favorisé par la liberté politique et économique.

Les ressources naturelles : éléments de la nature, les matières premières qui sont les fondements de la croissance. Malheureusement elles sont inégalement réparties dans le monde. Sans elles, ni le travail ni le capital ne pourraient produire les richesses pour satisfaire nos besoins, d'où l'urgence de les préserver afin de garantir une croissance durable pour les générations futures.

Le progrès technique : représenté par l'ensemble des innovations, des nouvelles avancées scientifiques, des nouveaux procédés de fabrication, il assure la pérennité de la croissance en repoussant toujours plus loin le problème de la rareté. Il garantit le développement économique.

Les facteurs liés à la demande :

La consommation et l'investissement : ils sont les deux composantes de la demande globale et déterminent par leur niveau celui de la croissance économique.

Car ils stimulent la production : la consommation assure les débouchés de la production et l'investissement augmente les capacités de production.

Les dépenses publiques : les dépenses de l'État pour pallier l'insuffisance des dépenses privées, permettent de relancer ou de soutenir la croissance à court terme (exemple des plans de relance de sortie de crise financière en 2008/2009 et en 2020 en France et en Europe, suite à la crise sanitaire qui a paralysé l'économie mondiale). Par leur effet multiplicateur, elles nourrissent la demande et donc favorisent la croissance grâce aux revenus supplémentaires qu'elles engendrent.
Lorsque l'on jette une pierre dans l'eau, à l'endroit de l'impact se créent des cercles plus ou moins larges qui se diffusent en se multipliant sur l'eau. C'est ce que l'on appelle en économie le principe de l'effet multiplicateur des dépenses publiques sur le niveau de la demande. Cette demande supplémentaire se traduit par un revenu supplémentaire pour les entreprises qui en bénéficient. Celles-ci à leur tour, ayant plus de revenus vont investir de nouveau. En se multipliant entre les agents économiques (cf. le multiplicateur Keynésien) elles provoquent davantage d'activité économique à condition que le supplément de revenu perçu soit affecté plutôt à la consommation qu'à l'épargne. Si ce coefficient budgétaire est de 1,5 (d'après le FMI il serait compris entre 1 et 1,5 pour les pays de la zone euro), une augmentation des dépenses publiques de 10% entraine une augmentation du PIB de 15%.

Le poids de la mondialisation de l'économie : les relations économiques ne se font pas seulement entre les agents économiques, mais aussi entre les pays à travers leurs échanges commerciaux. Ces échanges contribuent à la croissance économique par les débouchés qu'ils créent entre les pays. La croissance des uns, fait la croissance des autres selon la doctrine du libre échange. Chaque pays retirerait ainsi un gain à participer à l'échange mondial.

• Les différents acteurs de la croissance

Les ménages : par la consommation finale, ils contribuent à la croissance. Les biens produits sont consommés afin de satisfaire leurs besoins. Elle détermine le niveau de la demande globale et donc conditionne le niveau de la croissance.

L'État : par les dépenses publiques (dépenses d'investissement et de consommation finale des administrations publiques) stimulent la croissance par leur effet multiplicateur. Il est aussi un acteur clé de l'innovation en créant les conditions financières et techniques permettant aux entreprises de se lancer dans des projets risqués et coûteux. Il facilite et accélère ainsi l'innovation des entreprises. La création des vaccins contre la Covid19 en a été la démonstration. Il joue un grand rôle pour relancer les économies après une récession (cas de notre économie en 2020 face à la crise sanitaire).

Les entreprises : par leurs investissements (formation brute de capital fixe) et par leurs innovations, augmentent leurs capacités de production, créent plus de richesses et plus de nouvelles richesses faisant naître de nouveaux besoins (le numérique par exemple).

Les échanges extérieurs : par les importations/exportations de biens ou services, par la libre circulation des capitaux, ils développent la croissance lui assurant ses débouchés.

Les banques : en fournissant les liquidités grâce au crédit, elles soutiennent les transactions et la croissance.

• Les effets de la croissance économique

« Nous n'héritons pas de la terre de nos ancêtres, nous l'empruntons à nos enfants » Antoine de Saint-Exupéry

Quels sont les bienfaits de la croissance ?

La croissance permet d'accroître les créations d'emplois. Elle est un des remèdes au chômage selon la loi d'Okun. Cette loi proposée par Arthur Okun en 1962 décrit une relation linéaire empirique entre le taux de croissance et la variation du taux de chômage. En dessous d'un certain seuil de croissance, le chômage augmente et au-dessus de ce seuil, il diminue. Selon cette relation, il faut une croissance du PIB supérieur à 3% en moyenne pour faire baisser le chômage.
Lorsque la croissance est intensive : elle améliore le niveau de vie des agents économiques si la richesse croît plus vite que la population (PIB/Habitant). N'oublions pas que c'est de la croissance que découle la distribution des revenus. Son niveau détermine celui des revenus. Plus elle est forte, plus les revenus devraient être élevés. Tout dépend de sa répartition.
Elle facilite le progrès social, et accroît les recettes de notre système de protection sociale ainsi que celles du budget de l'État. Elle serait utile pour réduire les inégalités selon la courbe en « U inversé » de Simon Kuznets. Plus la croissance est forte, plus les inégalités se réduisent. Cela suppose qu'il existe une relation mécanique entre croissance et inégalités. Cependant la relation de cause à effet n'est pas systématique.

Elle augmente la consommation et facilite l'accès de certains biens et services aux agents économiques. Les agents consomment plus mais pas toujours mieux. Elle contribue au développement économique grâce au progrès économique inhérent à son évolution. Cependant les bienfaits de ce modèle de croissance fondé sur le « toujours plus », sont souvent illusoires.

Mais pourquoi illusoires ?

Parce que la croissance génère à la fois des défaillances sociales et environnementales.

Ses défaillances sociales

La richesse produite n'est jamais répartie d'une manière équitable entre les agents économiques. En effet malgré une croissance toujours plus forte, les inégalités demeurent entre les agents économiques. En effet, au vu de la répartition des revenus par déciles, les 10% les plus riches sont devenus de plus en plus riches, et les 10% les plus pauvres ne sont pas devenus moins pauvres pour autant. Le nombre de pauvres en France, c'est-à-dire vivant avec moins de 1100 euros par mois, étaient de 9,5 millions en 2021. La pauvreté a pris de nouvelles formes.
La croissance intensive a contribué à développer les emplois précaires (emplois de courte durée, peu rémunérés et peu sûrs sous forme de contrats à durée déterminée, de petits boulots, de temps partiels subis ou flexibles…). Elle segmente le marché du travail sur lequel se concurrencent désormais les emplois stables et les emplois précaires. Elle flexibilise le travail en réduisant les droits sociaux des salariés, faisant ainsi progresser l'insécurité sociale.
Elle entretient cette dualité du marché du travail qui a fait naître une paupérisation d'un certain nombre d'actifs titulaires de contrats à durée indéterminée. Finalement tout en assurant la richesse nationale, elle fragilise des pans entiers de la population active, aggravant ainsi les inégalités.

Mais ce n'est pas que la croissance elle-même qui est défaillante, c'est sa répartition.

La répartition de la richesse est au cœur des déséquilibres économiques et sociaux puisqu'elle ne profite pas de la même manière à tous ceux qui ont contribué à la réalisation du PIB. Pourquoi certains ont une part du gâteau plus grande que les autres ? Pourquoi celui qui apporte le capital pour produire aurait droit à une part plus importante que celui qui apporte son travail ? Les deux sont sources de valeur, les deux participent mutuellement à la création de la richesse. Qui décide de couper les parts ? Et comment ?

Pour certains économistes, c'est le marché (la main invisible) c'est-à-dire le rapport de force exprimé à travers la loi de l'offre et de la demande.
Tout acteur économique devrait toujours se poser ces questions. Leur réponse implique de faire des choix structurels sur le fonctionnement de notre économie.
Pour les partisans du marché où l'égoïsme est roi, où la concurrence fait loi, il faut laisser faire naturellement les choses (que le meilleur gagne), et les plus forts auront la part qui leur revient en fonction des risques pris en apportant le capital. Quant aux plus faibles, ils auront le reste en fonction de leur travail. Finalement, dire que la croissance est la source de la prospérité humaine n'est qu'une illusion.
Pour les partisans d'une intervention de l'État dans la répartition de la richesse, il faut règlementer le marché pour lui donner une connotation humaniste ou une éthique sociale afin qu'il puisse faire respecter un partage équitable entre toutes les parties prenantes produisant de la richesse.
Cependant, à côté de cette défaillance sociale de la croissance, une autre a pris de plus en plus d'ampleur : celle de l'environnement écologique.
Notre modèle de croissance fondé sur le « toujours plus » menace de plus en plus notre planète par des externalités négatives sur la nature voire sur la planète entière. Lesquelles ?

Ses défaillances environnementales : les externalités négatives

L'externalité est une situation par laquelle un agent économique occasionne par son action un impact sur un tiers, un milieu, sur la société ou l'environnement sans qu'il y ait compensation financière.
Elle peut être positive, dans ce cas l'agent économique occasionne par son action un bienfait sur l'environnement sans qu'il y ait une récompense financière pour le bienfait engendré (les emplois induits d'une entreprise sur son environnement par exemple).
Elle peut être négative si l'agent économique par son action occasionne un dommage à un tiers ou à l'environnement voire à la collectivité sans compensation financière (pollution, émissions de CO_2, réchauffement, menace de la biodiversité et dérèglement climatique de notre planète).

Notre modèle de croissance intensive fondé sur l'avoir ou le toujours plus, génère des externalités négatives environnementales : épuisement des ressources naturelles, pollution, développement excessif des pesticides, disparition des espèces animales et végétales, réduction de la biodiversité et réchauffement climatique. Un million d'espèces animales et végétales pourraient disparaître en 50 ans et des millions de personnes seraient dans la misère alimentaire et sanitaire dans le futur. Dans une quinzaine d'années, le réchauffement de la planète sera insupportable pour l'humanité si rien n'est fait pour le ralentir aujourd'hui.

Alors comment réduire ces externalités négatives ?

Nous sommes tous des colocataires de la planète. Elle est un bien commun. Nous avons trop tendance à l'oublier.
Pour la protéger contre ces externalités négatives, l'État peut faire peser sur les agents économiques les coûts environnementaux de leurs activités économiques soit par la taxe « pollueur-payeur », soit par des avantages fiscaux, afin qu'ils en tiennent compte dans leur calcul économique et changent de comportement en investissant dans des techniques moins polluantes. Il peut aussi développer les investissements publics favorisant la transition énergétique grâce aux énergies renouvelables. Il peut aussi encourager l'agriculture biologique et aider les agriculteurs à abandonner progressivement l'agriculture intensive conventionnelle.
Le système des marchés des droits à polluer est aussi une solution qui a été mise en place en Europe en 2004 pour réduire les émissions de gaz à effet de serre. Ce système fonctionne sur les mêmes principes qu'un marché classique. Selon la logique du marché, tout le monde devrait en tirer satisfaction, car les entrepreneurs ou les pays qui peuvent réduire leurs niveaux de pollution à faible coût vendront leurs permis à polluer, et les autres qui ne peuvent pas, achèteront des permis à polluer au prix du marché. Le marché régule grâce à son prix la quantité entre ceux qui polluent et ceux qui dépolluent. Mais une telle régulation comporte de nombreuses limites liées aux droits d'émission de pollution et des limites liées au marché lui-même, qui remettent en cause son efficacité. Les entreprises peuvent polluer en rachetant les droits à polluer aux entreprises ayant fait les efforts

écologiques. Ces marchés sont inefficaces. En effet, la logique du marché ne crée aucune conscience collective, ni aucune coopération entre les agents économiques ou entre les pays, alors que la planète est un bien commun. Or, ce n'est que par la coopération que l'on pourra réduire le réchauffement climatique et non par le chacun pour soi. En coopérant nous serons tous gagnants, alors qu'avec le chacun pour soi nous serons tous perdants.

Croissance et environnement sont donc désormais étroitement liés. L'environnement et particulièrement le dérèglement climatique, pourraient être un frein à l'activité économique.

Cette inquiétude a été partagée lors des sommets internationaux (COP21, COP26) cherchant à réduire l'émission de gaz à effet de serre sans pour autant freiner l'activité économique.

Cependant, malgré une prise de conscience mondiale, le passage du discours à l'acte est difficile, car il nécessite un engagement sans faille de tous les pays et un changement radical des comportements des agents économiques. Or, tant que les États resteront cantonnés dans leurs choix individuels, leurs engagements pris lors des sommets mondiaux, ne seront pas à la hauteur des enjeux climatiques.

Aussi, pour redonner de la raison et de l'humanisme à l'économie, il faut changer la croissance, passer d'une croissance fondée sur « le toujours plus » à une croissance fondée sur « le toujours mieux ».

Une croissance fondée sur « le toujours mieux », consiste à produire et à consommer autrement en préservant l'environnement naturel et la biodiversité, en développant les énergies renouvelables, en encourageant la recherche et le développement en améliorant la qualité du travail et en luttant contre les inégalités.

Produire des produits biologiques, des voitures propres, des biens durables et recyclables, permet de créer de nouveaux emplois et permet aussi de produire des richesses sans compromettre l'équilibre environnemental tout en répondant à nos besoins. La performance de l'économie n'est pas seulement quantitative, elle est aussi qualitative. Or, cet aspect qualitatif n'est ni évalué par le PIB, ni par les politiques économiques. Consommer moins mais mieux, grâce à une croissance fondée sur la qualité plutôt que sur la quantité, est une solution rendue désormais possible grâce au progrès technique. C'est désormais une question de choix politique et sociétal.

Comment concilier croissance et environnement ?

Et bien, c'est une autre vision du progrès, qu'il faut mettre au service de l'économie où « *l'être* » prime sur « *l'avoir* ».
Cette orientation nécessite de nouvelles règles de fonctionnement de notre économie. Elle suppose une révolution radicale de nos modes de production et de consommation.
Cela impose des changements substantiels dans notre manière de produire, de consommer, de travailler et de répartir les richesses.

Qui peut faire naître ce changement ?

Les institutions publiques nationales et européennes ainsi que les entreprises sont les seules à pouvoir agir sur les trois moteurs de l'activité économique que sont la (Production-Répartition-Consommation) pour provoquer la mise en œuvre et l'accélération de ce changement structurel. L'idée qu'en vivant autrement on peut vivre mieux, pourrait ainsi se concrétiser progressivement dans les actes de la vie quotidienne.
Construire cette nouvelle forme de croissance exige un engagement volontaire et collectif de tous les États. Cette ambition fait aujourd'hui défaut. Elle fait défaut en France et en Europe malgré certaines avancées, notamment celle de l'instauration d'une taxe carbone aux frontières européennes. La gravité et la rapidité du dérèglement de notre environnement offrent pourtant aux États européens l'opportunité de construire cette nouvelle croissance pour la génération future. L'Union Européenne pourrait ainsi servir de modèle pour le reste du monde, en s'engageant dans cette nouvelle forme de croissance où « *l'être* » prime sur « *l'avoir* ». Ce nouveau modèle de croissance, pourrait être un moyen de fédérer davantage les pays membres au même titre que la monnaie unique et le marché unique.

Le moteur de la production se met en route à partir des besoins. Ceux-ci sont le point de départ de l'activité économique. « *De quoi avons-nous vraiment besoin ?* ». La réponse à cette question qui a été posée par les économistes atterrés, conditionne notre modèle de croissance et de société pour les années futures.

La production de biens et services est le résultat de la combinaison des facteurs de production : travail et capital, chacun étant rémunéré selon sa contribution à la création de richesse. A ce titre, chaque agent économique perçoit une part de la richesse ainsi créée.
C'est par cette distribution de revenus que le premier moteur fait fonctionner le second, celui de la répartition. Elle représente un enjeu majeur de notre économie.

Elle doit permettre aux entreprises d'investir pour accroître la croissance et créer des emplois tout en assurant aux agents économiques une répartition équitable des revenus. Malheureusement cette répartition n'est pas toujours équitable, d'où la nécessité de la corriger par une redistribution des revenus effectuée par l'État.

Alors quels sont les enjeux de cette répartition ? Et quelles sont les justifications d'une politique de redistribution ?

Tribune économique : réflexion-débat

Urgence climatique, les États sont devant un dilemme : celui du « prisonnier » !

Nous sommes désormais entrés dans l'urgence climatique. Hausse des températures, canicules récurrentes, incendies dévastateurs en Grèce, au Portugal, en Californie, inondations ravageuses, acidification des océans, fonte des glaces et accélération de la disparition des espèces animales et végétales : sont quelques manifestations visibles et concrètes du dérèglement climatique qui ne cessent de s'accumuler.

Certes, l'attention portée sur la protection de l'environnement a beaucoup progressé. Et pourtant, les mobilisations contre le changement climatique restent encore globalement faibles dans les actes malgré les différents sommets mondiaux (COP 21...COP 26), malgré les différentes tribunes des scientifiques, ou encore malgré l'appel de certaines personnalités suivi de multiples manifestations pour sauver la planète. Elles restent aussi, encore faibles, bien qu'une prise de conscience citoyenne devienne de plus en plus grandissante.

Sous le poids de notre activité économique, la destruction de l'environnement va toujours beaucoup plus vite que la construction écologique. De temps à autre, l'ampleur d'une catastrophe nous émeut et nous fait réagir, mais le quotidien reprend bien vite son cours. Il continue de nous enfermer dans cette course effrénée où le « *toujours plus* » prime sur le « *toujours mieux* ». Nous nous sommes habitués à rechercher le bien-être dans la croissance intensive. Nous y sommes tellement habitués que nous ne savons plus vivre autrement. Or aujourd'hui, face à ce risque climatique qui met en péril toute l'humanité, nous devons aller plus loin et plus vite. Il y a urgence !

L'ampleur de la dégradation de l'environnement est telle que la question n'est plus seulement scientifique, elle est dès à présent, politique et sociétale. Elle nécessite des changements substantiels dans le fonctionnement des économies, des changements dans nos modes de production et de consommation.

Le changement climatique ne doit plus être considéré comme une externalité négative de notre modèle de croissance. Cette dette écologique ne peut pas être supportée par la génération future. C'est pourquoi, elle doit être désormais prise en compte dans la mesure du P.I.B afin d'évaluer et de percevoir réellement la gravité du risque environnemental. Elle doit servir de critère de convergence pour conduire la politique de croissance comme l'est celui de la dette publique pour élaborer la politique budgétaire des pays de la zone euro. Intégrer cette contrainte écologique dans les politiques publiques, permettrait à chaque gouvernement de retrouver sa capacité à orienter l'activité économique dans l'intérêt général plutôt que de la gérer sous la pression de divers lobbys servant des intérêts privés. Le principal enjeu consiste aujourd'hui à construire un nouveau modèle de croissance permettant de satisfaire nos besoins sans compromettre ceux de la génération future. Tel est le défi qui doit être relevé dès à présent.

Préparer l'avenir des générations futures, implique de tracer les voies de cette nouvelle forme de croissance économique faisant de l'enjeu climatique une priorité absolue des politiques économiques. A cet égard, les Pouvoirs publics de chaque pays doivent mettre en œuvre un programme d'investissements publics ambitieux garantissant leur engagement immédiat et définitif dans la transition écologique. Certains États, notamment la France souhaitent s'y engager et montrer l'exemple. Cette planification écologique inciterait ainsi les entreprises à investir massivement à leur tour dans les énergies renouvelables ou encore à investir au moindre risque dans de nouvelles activités économiques respectueuses de l'environnement. Cette action collective est essentielle. Nous avons tous intérêt à agir collectivement pour endiguer le dérèglement climatique. Cependant, nous avons tous, également intérêt pour maximiser notre bien-être individuel à court terme, à perpétuer nos habitudes de consommation et de production dévoreuses d'énergies fossiles.
Face à ce dilemme, que les économistes qualifient de « dilemme du prisonnier », les États privilégient leur propre intérêt à celui de la planète. Or tant que les États resteront cantonnés dans leurs choix individuels, leurs engagements pris lors des sommets mondiaux, ne seront pas à la hauteur des enjeux climatiques !

La croissance des pays émergents : un modèle qui ne fait pas rêver !

La croissance des pays émergents : un modèle qui ne fait pas rêver ! De nouveaux maîtres du monde en devenir que sont l'Inde et la Chine font basculer la richesse économique de l'Ouest vers l'Est en modifiant la partition Nord-Sud. Même si ces pays émergents sont encore bien loin de rattraper le niveau de vie des pays industrialisés, leur développement rapide modifie les relations économiques et commerciales de la triade (États-Unis - Europe - Asie). L'Inde, comme la Chine, connaît des taux de croissance parmi les plus élevés de la planète mais au prix de fractures sociales et environnementales croissantes. Bâtir la prospérité économique sur la précarité sociale est une forme de grand écart qui arrivera bientôt à ses limites. C'est un pays de culture anglophone qui a fait sien le modèle libéral. Le groupe Mittal nous l'a démontré avec ses stratégies de domination par les coûts à l'échelle mondiale. Face à ce décollage économique vertical, s'oppose un déclin social qui entrave son développement. La fracture sociale entre les bénéficiaires de la mondialisation et la population vivant dans la misère s'est aggravée ces dernières années. Plus de 80 % de la population y vit avec moins de deux dollars par jour dont la moitié est en état de malnutrition. Cette pauvreté a amplifié l'exode vers les villes marquées par un développement exponentiel des bidonvilles et des sans-abri. Quant à la Chine, depuis son entrée à l'O.M.C (Organisation Mondiale du Commerce) en 2001, son essor s'est réalisé aussi vite, grâce à ses exportations fondées sur une main-d'œuvre peu coûteuse et démunie socialement. Les produits chinois inondent la planète, menacent les emplois des pays dits «développés», tirent leurs salaires à la baisse, les contraignant à accepter la précarité pour maintenir leur compétitivité. Malgré le chemin parcouru, la Chine reste encore un pays qui devra surmonter une série d'obstacles sociaux, démographiques et environnementaux, dans les prochaines décennies. Ces trois défis pourraient compromettre son modèle de développement, si les autorités chinoises ne prennent pas les mesures qui s'imposent. La domination de la Chine sur le monde est parfois exagérée. Selon les projections des observatoires économiques internationaux, les Chinois ne doubleraient les États-Unis en termes de

PIB qu'en 2032. Les Occidentaux ont donc encore un peu de répit. Et puis, le PIB ne fait pas tout. La Chine est, certes, l'atelier du monde mais elle innove peu. Son modèle de développement est fondé sur une logique quantitative au détriment du qualitatif, et de nombreux scandales notamment sanitaires, mettent en lumière les limites d'un modèle où seul le critère prix importe. Par ailleurs, son modèle politique totalitaire reste peu attractif. Le «Chinese way of life» ne fait rêver personne et certainement pas les Chinois de la diaspora. Sa langue s'exporte difficilement, sa culture de même, et ses universités ne valent pas encore Harvard ou le MIT. La Chine n'a pas de «soft power». Son réseau d'alliés est faible et, surtout, les questions de politiques intérieures sont traitées dans l'opacité. Cette opacité masque mal les tensions sociales internes qui risquent de mener la Chine vers des conflits sociaux dans les années à venir. La classe moyenne émergente réclamera des droits individuels et politiques tandis que les classes laborieuses demanderont un meilleur partage des richesses. Les structures économiques et sociales du pays pourraient être alors ébranlées. Ces pays émergents que sont la Chine et l'Inde, dopés par la croissance, ont fondé leur essor sur le progrès économique au détriment du progrès social. Les inégalités créées par un tel choix, pourraient bien ralentir leur croissance à long terme. Comment peut-on croître sans développement humain ? C'est tout le paradoxe des pays émergents. Cela pourrait être aussi celui des pays industrialisés si le court terme continue de déterminer le tempo de leur croissance. En effet, lorsque le court terme prime sur le long terme, l'incertitude gagne les investisseurs et s'enracine dans leurs décisions d'innover. Leur crainte oriente leur choix sur la recherche de la rentabilité immédiate ou sur des placements financiers spéculatifs plus sûrs et plus rémunérateurs à court terme, contrairement à l'innovation et au capital humain qui ne sont fructueux qu'à long terme. Cette préférence de la rente à l'investissement étouffe ainsi la croissance, retarde la transition énergétique, aggrave le chômage et creuse les inégalités. Ce besoin immédiat d'accumulation de richesses, verrouillé par la cupidité, enferme les États dans une forme de croissance où le progrès économique affaiblit le progrès social pour mieux se développer. Cette règle forge le sentiment que, désormais, la précarité et la dérèglementation sociale sont nécessaires pour stimuler la croissance de demain. Or, ce fatalisme économique conduit à une croissance sans développement humain comme celle des pays émergents. Alors pourquoi ne pas tirer les leçons du paradoxe des pays émergents et s'engager à l'ère de la révolution numérique, sur une croissance valorisant à la fois le progrès économique, le progrès social et environnemental, afin de garantir le bien-être de tous ?

« Les agriculteurs doivent suivre une autre voie que celle de l'agriculture intensive »

Notre agriculture est de moins en moins compétitive sur les marchés européens et mondiaux. L'agriculture française, qui a toujours été une des sources principales de notre excédent commercial, risquerait de devenir déficitaire en 2023 malgré les réformes successives de la politique agricole commune (PAC), née en 1962. La France pourrait importer plus de produits agricoles qu'elle n'en exporte, alors qu'elle est le plus grand producteur agricole européen.

Les exploitants agricoles ont les plus grandes difficultés à affronter la compétition des prix agricoles toujours plus bas, à cause de normes sociales, environnementales et sanitaires plus rigoureuses que celles de leurs concurrents. A cause, aussi, des charges d'exploitation qui sont plus élevées que celles des producteurs étrangers. Or, avec des prix tirés toujours vers le bas, afin de satisfaire à la fois les industries agroalimentaires, la grande distribution et les consommateurs, beaucoup d'agriculteurs ne parviennent plus à vivre du travail qu'ils accomplissent pour nous nourrir.

Ils se trouvent aujourd'hui pris dans plusieurs engrenages responsables de cette situation. Le premier d'entre eux est celui de la production intensive, fortement consommatrice de pesticides, fondée sur des rendements à grande échelle. Cet engrenage, favorisé par la PAC, les a incités à produire toujours plus grâce aux subventions européennes, et les a donc incités à réaliser des investissements très coûteux : construction de bâtiments, exploitation de nouvelles terres, achats de matériels et de machines, achats de graines, de produits phytosanitaires et achats d'animaux et d'alimentation pour les élever.

Endettement et suicide

Cette course effrénée aux rendements, rendue indispensable pour assurer l'autosuffisance alimentaire de l'Union européenne, qui a nécessité des moyens financiers importants pour financer ces investissements, les a fait basculer dans l'engrenage financier. Engrenage dans lequel les banques sont devenues une partie prenante majeure et incontournable du développement de leurs exploitations. Pouvant décider du financement de tel ou tel projet agricole, elles se sont progressivement substituées à leurs décisions de production, rendant ainsi les agriculteurs dépendants à l'égard du système financier.

Pris dans la spirale de l'endettement pour pouvoir produire toujours davantage et n'ayant plus le choix de leur production, de nombreux agriculteurs finissent, hélas, par commettre l'irréparable. En France, un agriculteur se suicide chaque jour à cause de ces engrenages. Cependant, beaucoup de banques refusent encore d'accorder des prêts aux petits exploitants. Ces derniers sont donc contraints de se tourner vers les coopératives agricoles pour obtenir les crédits auprès des banques afin de produire toujours plus.

En contrepartie, les coopératives leur assurent leurs débouchés en revendant leur production aux groupes agroalimentaires et aux centrales d'achats de la grande distribution. Or cette garantie commerciale s'est faite au prix d'un contrôle de l'ensemble du circuit de distribution par tous ces intermédiaires imposant leurs prix, privant ainsi les agriculteurs de pouvoir fixer les leurs en fonction de leurs coûts. Pris dans cet engrenage commercial, de plus en plus d'agriculteurs vendent à perte et vivent en dessous du seuil de pauvreté.

Pour sortir de ces engrenages qui ont enfermé les agriculteurs dans une agriculture intensive générant plus d'externalités négatives que d'externalités positives et pour faire face aux dégâts infligés par ce modèle de production, l'agriculture française aurait intérêt à se convertir progressivement et massivement au « bio ». L'agriculture biologique représente aujourd'hui en France 7,6 % de la surface agricole utile. Bien que cela reste en dessous de la moyenne européenne, sa progression reste de plus en plus forte grâce à une demande en pleine expansion.

Aides et formation

Un développement important de ce mode de production, excluant l'usage de produits chimiques de synthèse (pesticides, OGM...) conformément au cahier des charges, serait souhaitable pour la sauvegarde de l'environnement, de la biodiversité dans les espaces cultivés et pour la santé des agriculteurs, les premiers exposés aux pesticides, ainsi que pour celle des consommateurs.

Il aiderait notre agriculture à faire face à la concurrence étrangère en se différenciant par la qualité plutôt que par la quantité, garantissant ainsi un excédent commercial tiré par une compétitivité hors prix profitant aussi bien à notre économie qu'à nos agriculteurs.

De plus, n'étant plus soumis à la pression des industries agroalimentaires et pouvant tisser des relations directes, soit avec les consommateurs, soit avec des enseignes spécialisées dans les produits bios, les agriculteurs pourraient être rémunérés à un prix juste tenant compte de leurs coûts, et donc pourraient vivre réellement de leur travail.

Cependant, cette transition représente un coût énorme en investissements et en temps pour les agriculteurs souhaitant s'y engager. C'est pourquoi il serait nécessaire qu'elle soit accompagnée par des aides financières de l'Etat et par celles de la politique agricole commune, équivalentes à celles qui sont attribuées à l'agriculture conventionnelle.

Il serait aussi nécessaire de compléter ces aides par une formation à la fois sur le terrain et dans les écoles agricoles, afin que les agriculteurs actuels et futurs puissent acquérir et maîtriser la culture bio et la transmettre à la génération future. Ce qui inciterait celle-ci à suivre une autre voie que celle de l'agriculture intensive et permettrait au paysan de retrouver toute la considération qu'il mérite. Le bio pourrait ainsi sortir des engrenages de l'agriculture intensive les agriculteurs qui le désirent, à condition que l'on ne reproduise pas en bio ce qui a été fait en conventionnel.

II- Le moteur de la répartition : la répartition et la redistribution des revenus

« *La répartition des revenus primaires : une répartition inégalitaire entre les agents économiques* ! »

Le premier moteur de l'activité économique, produit la richesse économique dont on a besoin pour notre bien être et notre développement. Le second, qui en résulte, va déterminer la répartition de cette richesse à travers la distribution de revenus effectuée par les entreprises et la redistribution des revenus réalisée par l'État.

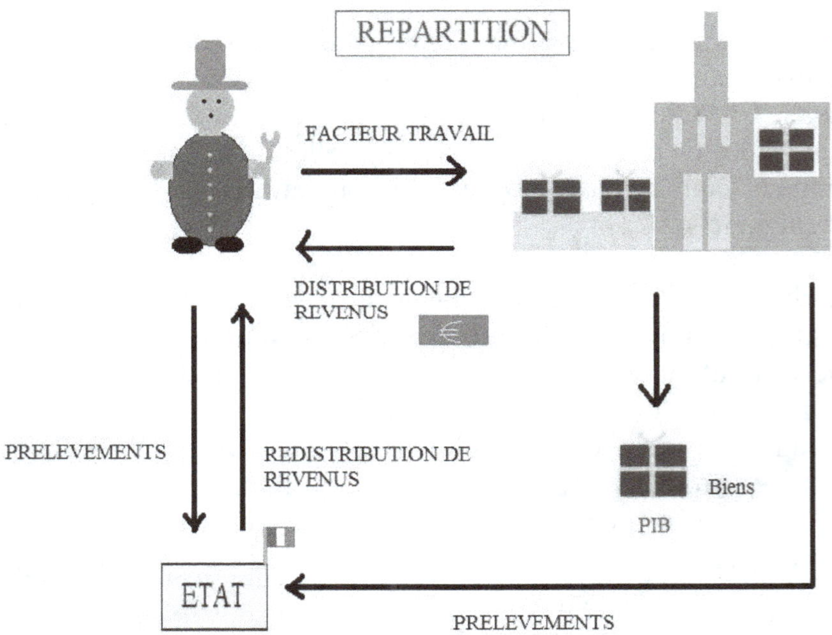

Cette richesse économique est ainsi partagée sous forme de distribution de revenus entre les agents économiques qui ont contribué à sa réalisation. Le premier partage (Répartition primaire des revenus) est très souvent inégalitaire, c'est pourquoi un deuxième partage est effectué par l'État (Redistribution des revenus) pour corriger cette inégalité. Cette redistribution des revenus caractérise la nature de notre modèle social.

La richesse créée peut être comparée à un "gâteau". Tous ceux qui ont participé à sa fabrication ont droit à une part selon la nature de leur contribution. Il en est de même en économie. Ceux qui ont contribué à la production ont droit à une part sous forme de revenu selon la nature de leur participation ou contribution. Nous voilà au cœur d'un problème économique majeur : celui de la répartition. Comment s'effectue cette répartition ? C'est-à-dire qui décide des parts du « gâteau » ? Qui fait les parts et qui tient le couteau ?

1) La répartition primaire des revenus

La richesse créée par le rouage de la production procure à l'économie un revenu. Ce revenu fait l'objet d'un premier partage : la répartition primaire. Celle-ci rémunère les facteurs de production utilisés, le travail et le capital.

• L'origine des revenus et leur formation

D'où proviennent-ils ?

Ils proviennent soit du travail soit du capital ou soit des deux. On peut ainsi distinguer trois catégories de revenus perçus par les agents économiques.

Les revenus du travail : l'utilisation du travail entraîne le versement d'une rémunération monétaire qui peut prendre la forme de salaire ou de traitement. Les revenus du travail sont essentiellement constitués des salaires car la majorité de la population active est salariée.

Les revenus du capital ou revenus du patrimoine : la rémunération peut prendre plusieurs formes selon la nature du capital. Les revenus de la propriété sont les revenus immobiliers qui proviennent d'un patrimoine immobilier (loyer perçu pour la location d'un appartement ou d'un terrain par exemple), et les revenus mobiliers pouvant prendre la forme de dividendes (rémunération de l'actionnaire titulaire d'actions dans une société), ou encore d'intérêts pour les détenteurs d'obligations (droit de créance) ou de placements financiers auprès des banques.

Les revenus mixtes ou revenus des travailleurs indépendants : (artisans, commerçants, professions libérales...). Ces revenus correspondent aux ressources des non-salariés. Ces agents économiques fournissent à la fois le travail et le capital pour produire.

Comment se forment les salaires ?

Le salaire est le prix du facteur travail, qui résulte d'une négociation individuelle directe entre l'employeur et le salarié, et d'une négociation collective indirecte à deux niveaux : au niveau de la branche professionnelle ou secteur professionnel entre les syndicats et l'employeur fixant les grilles de salaires à travers les conventions collectives.

Il résulte également au niveau macroéconomique, d'une négociation générale virtuelle s'effectuant sur le marché du travail entre les offreurs et les demandeurs de travail.

A partir de ces diverses négociations on peut retenir deux déterminants substantiels du salaire.

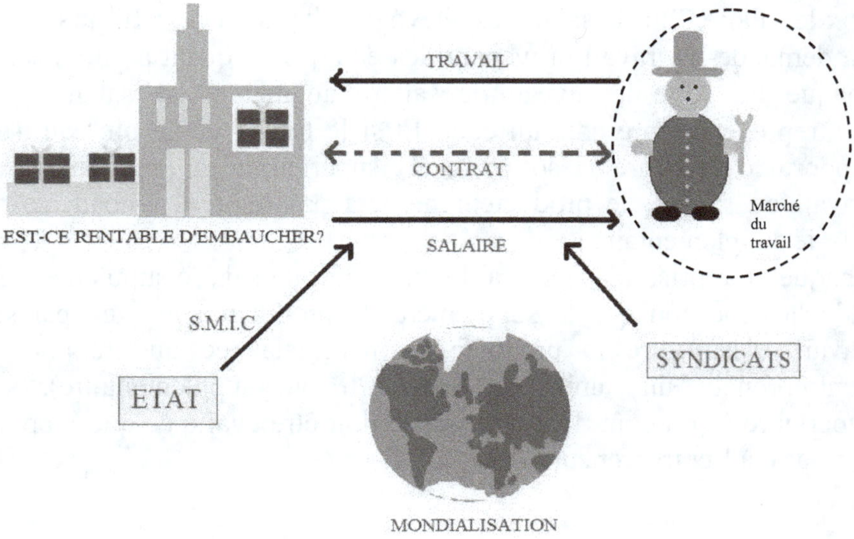

Les déterminants économiques :

Il existe différentes approches économiques théoriques expliquant la formation des salaires.

Adam Smith (1723/1790) fondateur du libéralisme économique. Ouvrage de référence La richesse des Nations. Dans son analyse des salaires, il montre que le salaire est le prix du travail, et va se former comme toutes autres marchandises par la confrontation de l'offre et de la demande de travail. Ce qui suppose qu'il soit flexible. Cependant il admet un seuil rigide en dessous duquel le salaire ne peut descendre : le salaire naturel ou de subsistance qui est constant.

Selon les libéraux (analyse classique) le salaire est fixé librement sur le marché du travail selon la loi de l'offre et de la demande. Le salaire est le résultat d'une confrontation entre l'offre et la demande de travail sur le marché du travail.
L'offre de travail provient des actifs, ils vendent leur travail selon un prix le salaire. Plus le salaire est élevé plus il y aura des offreurs.
La demande de travail provenant des entreprises quant à elle, décroît chaque fois que le niveau de salaire augmente. Le salaire pour l'entrepreneur représente un coût. Et si le travail coûte plus qu'il ne rapporte c'est-à-dire si son prix est supérieur à la productivité du travail du salarié, le producteur ne sera pas incité à embaucher un salarié supplémentaire.
Chaque entreprise n'acceptera d'embaucher un salarié supplémentaire qu'à la condition que le supplément de production procuré par son travail, c'est-à-dire la productivité marginale (ce que rapporte à l'entrepreneur une unité de facteur travail supplémentaire), soit supérieure à son coût. Donc le salaire doit être égal à ce que rapporte le salarié à l'entrepreneur.

REPRESENTATION GRAPHIQUE DU FONCTIONNEMENT DU MARCHE DU TRAVAIL

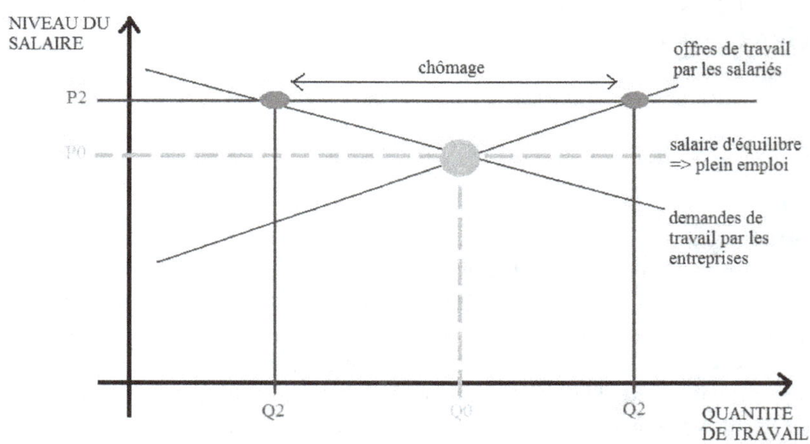

Le salaire est le prix du travail fixé librement sur le marché du travail, au même titre qu'une marchandise. Le salaire est le résultat de la conjonction entre les demandes et les offres de travail. Pour les libéraux, c'est la flexibilité des salaires qui permet d'ajuster les offres aux demandes de travail.

D'autres analyses économiques, contemporaines notamment, les théories du salaire d'efficience, vont démontrer que le salaire ne résulte pas de la confrontation entre l'offre et la demande sur le marché du travail.

Joseph Eugène Stieglitz : Salaire d'efficience (1984). Dans le modèle du salaire d'efficience, l'origine du déséquilibre se trouve dans un problème d'accès à l'information : les employeurs ne pouvant pas connaître parfaitement ce que va lui rapporter le salarié supplémentaire. Afin de l'inciter à être plus productif, l'employeur va donc payer le salarié un peu plus que ce qu'il peut attendre dans une autre entreprise : ce salaire plus élevé que le salaire du marché est le salaire d'efficience.

Les entreprises sont amenées à verser des salaires supérieurs à la productivité marginale, pour fidéliser leur personnel et donc les rendre plus productifs. Ou encore pour les motiver afin d'accroître leur rendement. Il en résulte que le niveau des salaires proposé par ces entreprises est supérieur au salaire d'équilibre fixé sur le marché du travail.

Il n'existe pas de théorie économique universelle rassemblant tous ces éléments pour expliquer la détermination des salaires. Les différences de salaires vont avoir plusieurs sources et seront le reflet de la contribution plus ou moins importante de chaque agent économique à la production et à la rareté de leur qualification, de leur compétence ou de leur expérience.
Il semble difficile d'expliquer les écarts en ne se fondant que sur la productivité.
En effet, comment peut-on expliquer dans ce cas, les écarts de salaire d'un footballeur professionnel et celui d'un ingénieur par exemple, ou encore d'un PDG d'une grande entreprise et celui d'un dirigeant d'une PME ? Le PDG serait-il plus efficace qu'un dirigeant d'une PME ?

Le footballeur professionnel serait-il plus productif que l'ingénieur ? Quelle est sa contribution à la richesse de l'économie, sa contribution au PIB ? Alors qu'est-ce qu'une rémunération juste ? Voilà des interrogations qui restent toujours dans l'ombre, et qui sont pourtant essentielles.

Les déterminants sociaux et juridiques :

Le salaire est soumis à des contraintes légales. Le droit du travail fixe à travers la loi, le contrat de travail et les conventions collectives, les règles de la rémunération afin de protéger le salarié dans le lien de subordination qui le lie avec l'employeur.
Ainsi les salariés majeurs à temps plein ne peuvent pas être payés au dessous du S.M.I.C. (Salaire Minimum Interprofessionnel de Croissance, loi de 1971), salaire fixé par l'Etat et révisable chaque année en janvier.
Les conventions collectives, quant à elles sont des accords collectifs entre les organisations syndicales les plus représentatives et les entrepreneurs. Elles déterminent les grilles salariales par secteurs professionnels ou branches professionnelles à partir de critères sociaux : profil de poste, ancienneté, qualification, expérience… Elles peuvent être révisables et modifiées.

A ces déterminants juridiques s'ajoute une dimension sociale au salaire. Il n'est pas seulement le prix d'un facteur de production aux yeux des économistes libéraux, mais aussi un revenu qui conditionne le niveau et le mode vie des ménages.
On distingue dans ce cas le salaire nominal (salaire à prix courant ou encore le montant monétaire perçu), du salaire réel (salaire à prix constant ou encore le pouvoir d'achat du salaire). D'où l'intérêt de le réglementer et de l'augmenter régulièrement car il forge le statut social de chaque salarié.

La rémunération du salarié constitue à la fois un coût et un revenu ce qui provoque des conflits d'intérêts dans sa formation. Il est le résultat d'un rapport de force entre les salariés et les employeurs ou les actionnaires. Les salariés recherchent à accroître leurs revenus pour améliorer leur niveau de vie et les employeurs au contraire, recherchent à les réduire pour minimiser leurs coûts et maximiser

leurs profits. Nous retrouvons ce rapport de force dans le partage de la richesse créée par l'entreprise, c'est-à-dire la valeur ajoutée.
La faiblesse d'une des parties prenantes profite à l'autre.
Le niveau du salaire dépend du pouvoir de chaque partie prenante et du mode de gouvernance de l'entreprise. Le salaire a aussi une dimension sociale. Il détermine le statut social de l'individu, sa position sociale dans la société. Il représente une certaine reconnaissance et une attractivité sociale. Malheureusement, l'utilité sociale de certains métiers ou de certains salariés n'est pas prise en compte dans le calcul du salaire.
La crise sanitaire due à la Covid19 a fait apparaître au grand jour l'utilité sociale des salariés dits « invisibles » ou dits de « première ligne » (les hôtesses de caisse, les livreurs, les transporteurs, aides à domicile et les personnels de santé, d'éducation...). Or, cette utilité apparente ne s'est pas traduite par une hausse significative de leurs salaires malgré une reconnaissance sociale unanime pendant les périodes de confinement lors de la pandémie.

Comment se forment les profits ?

Le profit est le résultat positif de l'activité de l'entreprise. Il peut être rapproché du bénéfice. Il correspond donc à la différence entre les produits (ventes, recettes diverses...) et les charges. Il est l'élément moteur de l'activité de l'entrepreneur.
Il est la rémunération de la prise de risque de l'entrepreneur qui innove et donc engage l'avenir de son entreprise. Il reste néanmoins le résultat d'un rapport de force entre l'entrepreneur et son environnement (marché du travail : rapport de force avec les salariés ; marché des biens et services : rapport de force avec les concurrents et les consommateurs).

Joseph Schumpeter (1883/1950). Economiste autrichien connu pour ses théories sur les fluctuations économiques de la croissance (grappe d'innovation), la destruction créatrice de l'innovation. Il met en avant le rôle majeur de l'entrepreneur celui qui innove et prend les risques et saisit des opportunités. On évoque à partir de sa théorie la logique entrepreneuriale qui se différencie de la logique managériale dans les entreprises. Le profit stimule l'esprit d'entreprise.

Karl Marx (1818/1883) historien et philosophe réputé pour son analyse du capitalisme à travers l'ouvrage fondamental : le Capital en trois volumes, a mis en évidence le rôle du profit dans le système capitaliste. Le profit rémunère la propriété privée du capital (facteur de production). Il est le résultat de l'exploitation du travailleur à travers la plus value. Cette exploitation provoquerait à terme une baisse tendancielle des profits à défaut de demande suffisante.

• Le partage de la valeur ajoutée, la répartition primaire des revenus

La répartition primaire des revenus est au cœur des mécanismes fondamentaux car elle concerne le partage des richesses créées par l'activité productive des entreprises. En effet, à partir de sa production, l'entreprise distribue ou répartit les revenus entre tous ceux qui ont réalisé directement et indirectement cette production. On qualifie cette répartition de répartition primaire puisqu'elle provient de la production.

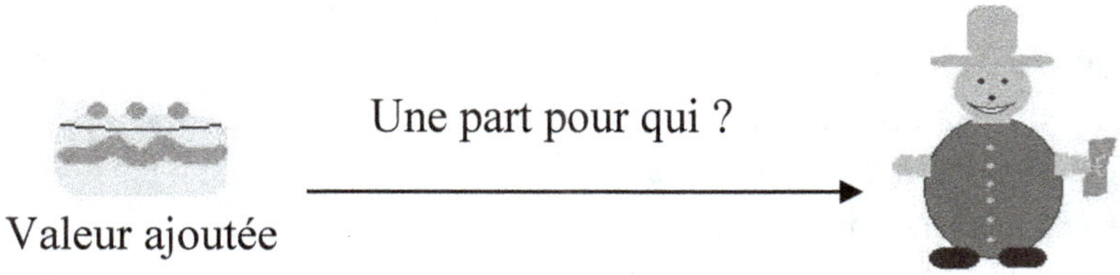

Qu'est-ce que la valeur ajoutée ?

La richesse créée par une entreprise est égale à la valeur ajoutée que l'on peut représenter sous la forme d'un gâteau. Cette richesse (gâteau) est partagée entre les acteurs ayant participé directement ou indirectement à sa fabrication.

Elle représente la valeur que l’entreprise ajoute aux biens qu’elle transforme en produits finis destinés à être vendus sur le marché. C’est la richesse créée par l’entreprise grâce à toutes ses parties prenantes intervenant directement ou indirectement dans le processus de production. Lorsqu’elle vend sa production, l’entreprise réalise la valeur qu’elle a créée par son activité en transformant différents produits semi-finis. Elle ajoute de la valeur aux matières premières en les transformant en produits finis. La valeur ajoutée représente la richesse créée par l’entreprise.

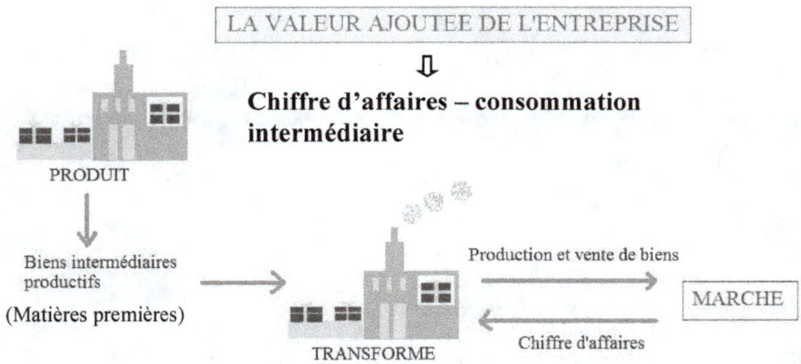

Quels sont ces agents économiques qui vont percevoir une part de cette valeur ajoutée ? Et sous quelles formes ?

En contrepartie de leur participation à la production, les apporteurs de capital et de travail reçoivent une part de cette valeur ajoutée sous forme de revenu primaire. Le partage effectué entre tous les acteurs au sein de l’entreprise constitue la répartition primaire des revenus. Cette valeur ajoutée (« gâteau ») sert à rémunérer les agents économiques qui l’ont produite directement ou indirectement.

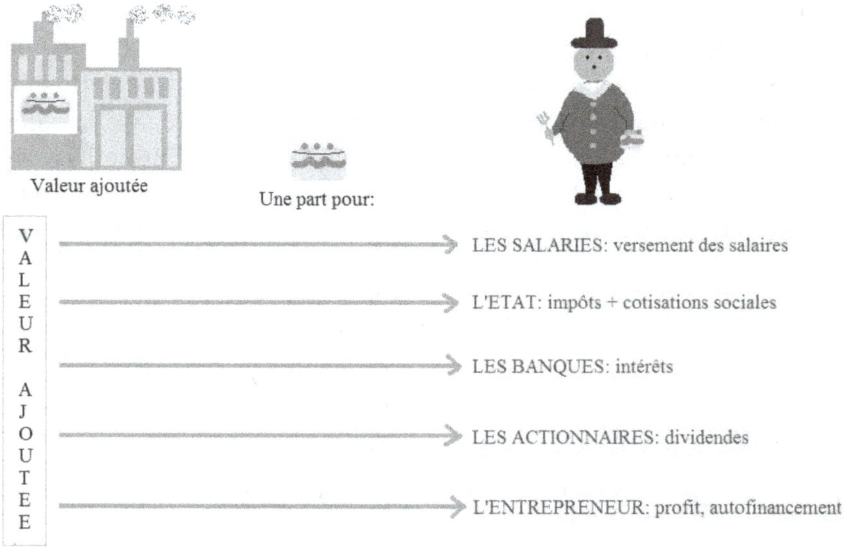

Quels sont les enjeux de ce partage ?

La répartition est au cœur des mécanismes fondamentaux car elle influence l'activité économique. Le niveau des revenus dépend à la fois du volume et des parts de la production. Plus le gâteau est gros plus les parts sont belles. Tout dépend de son partage.

Un partage trop favorable aux salariés (tendance en France jusqu'en 1982), réduit la part des profits. Un tel partage pénalise l'investissement par manque de capacité de financement (autofinancement) des investissements et oblige les entreprises à s'endetter.
De plus, il alourdit le coût du travail à cause d'une augmentation de la masse salariale. Il pénalise la compétitivité de l'entreprise l'obligeant parfois soit à licencier, soit à délocaliser. Dans les deux cas l'emploi est menacé.
Inversement, un partage trop favorable au capital, c'est-à-dire aux actionnaires et à l'entrepreneur (cas de la France depuis 1983, fin de la

désindexation des salaires sur les prix) réduit la part attribuée aux salariés et risque de provoquer une baisse de la consommation des ménages à forte propension à consommer, moteur essentiel de la croissance économique (troisième moteur de l'activité économique), et donc de réduire le niveau de l'emploi.

Le partage va donc dépendre des rapports de forces entre les différents acteurs économiques, eux-mêmes soumis à l'environnement conjoncturel et structurel.

Depuis la fin des années 80, la déréglementation des marchés financiers a renforcé le pouvoir des actionnaires encourageant une gouvernance actionnariale dans les entreprises, ce qui s'est traduit par un partage de la valeur ajoutée plus favorable au capital.

Le partage de la valeur ajoutée influence ainsi le niveau de la croissance économique. Un partage qui fait la part belle aux actionnaires favorise davantage les investissements financiers à court terme au détriment des investissements productifs à moyen ou long terme, et réduit ainsi le niveau de la croissance.

Ce partage peut aussi bien renforcer la cohésion sociale que l'affaiblir. Un partage plus favorable aux profits ou aux actionnaires (gouvernance actionnariale) favorise les revenus du patrimoine financier et aggrave les inégalités entre les ménages les plus riches et les plus modestes. Il peut être une source des inégalités de revenus entre les ménages. Ce partage détermine la pérennité du financement de notre protection sociale.

De plus, en accordant une part plus grosse aux actionnaires, il fait perdre la place de la valeur travail au sein de la société au profit de celle de la rente financière. Il modifie ainsi le management des entreprises et la notion du temps pour produire.

La performance économique de l'entreprise s'opère par la réduction des ressources humaines et non par leur valorisation.

• Les revenus primaires : une répartition inégalitaire

La répartition primaire des revenus n'est pas égalitaire entre les agents économiques.

On peut distinguer plusieurs facteurs qui sont à l'origine de ces disparités de revenus. Pour plus de détails il faut aller sur le site

internet de l'Insee ou sur celui de l'Observatoire des inégalités. Ici nous nous contenterons d'évoquer les facteurs généraux.
On observe des inégalités de salaires liées au sexe. Quelle que soit la catégorie socioprofessionnelle, les femmes sont moins payées que les hommes. Ayant les mêmes qualifications que les hommes, elles occupent moins de postes à responsabilité, et avancent moins rapidement dans la hiérarchie professionnelle. On observe également des inégalités de salaires selon le niveau des qualifications et l'ancienneté des salariés. Les cadres gagnent en moyenne deux fois plus que les ouvriers et employés.

De même, nous constatons que les salaires versés par les petites entreprises (1 à 9 salariés) sont inférieurs à ceux des autres quel que soit leur secteur d'activité. Enfin, il faut noter une disparité régionale des salaires. L'Ile de France connaît des salaires supérieurs aux régions du Sud de la France en raison des différences tenant au coût de la vie.
Il est à noter aussi que les inégalités de patrimoine (actifs financiers et non financiers) des ménages sont en France plus fortes que celles des revenus. L'héritage et la libéralisation financière, ainsi que les baisses d'impôts sur les plus riches, expliquent en grande partie les inégalités de patrimoine non financier et financier. Les niveaux de concentration sont extrêmement élevés. Aujourd'hui, « *les 10 % les plus favorisés détiennent plus de 60 % du patrimoine total et les 50 % les plus pauvres ont moins de 5 %.* » selon Thomas Piketty (Cf. le capital au XXI siècle). En 2011, pour une personne seule après impôts et cotisations sociales, le niveau de vie moyen par an des 10 % les plus pauvres était de 8 020 euros et de 46 625 euros pour les plus riches. Le niveau de vie des plus pauvres était donc en moyenne 7,2 fois plus faible que celui des plus riches d'après l'Insee. Pour l'Observatoire des inégalités, les 10% les plus aisés s'écartent de plus en plus des 10% les plus pauvres. Les inégalités de patrimoine d'aujourd'hui créent les inégalités de demain.
Les inégalités de revenus se conjuguent et se cumulent avec les inégalités sociales et les inégalités des chances.

Quels sont les indicateurs pour mesurer les inégalités de revenus ?

Les indicateurs de disparités comme le revenu médian et le rapport interdécile, permettent d'appréhender l'évolution et la répartition des inégalités. Le revenu médian partage la distribution des revenus des ménages en deux parts égales telles que 50 % des ménages perçoivent un revenu situé en-dessous du revenu médian et 50 % au-dessus. La comparaison entre la valeur du revenu moyen et du revenu médian nous indique le niveau des inégalités. Si le revenu moyen est supérieur au revenu médian cela signifie que les hauts revenus tirent la moyenne vers le haut. Quant au rapport interdécile, il compare les revenus ou les patrimoines des 10 % de ménages les plus riches aux 10 % de ménages les plus pauvres. L'évolution de ce rapport mesure les inégalités de revenu et de patrimoine. Plus le rapport est élevé plus les inégalités sont fortes entre les pus riches et les plus pauvres.
Les indicateurs de concentration comme la courbe de Lorentz ou l'indice de Gini, mesurent le degré d'inégalité de la distribution des revenus.

La courbe de Lorentz :

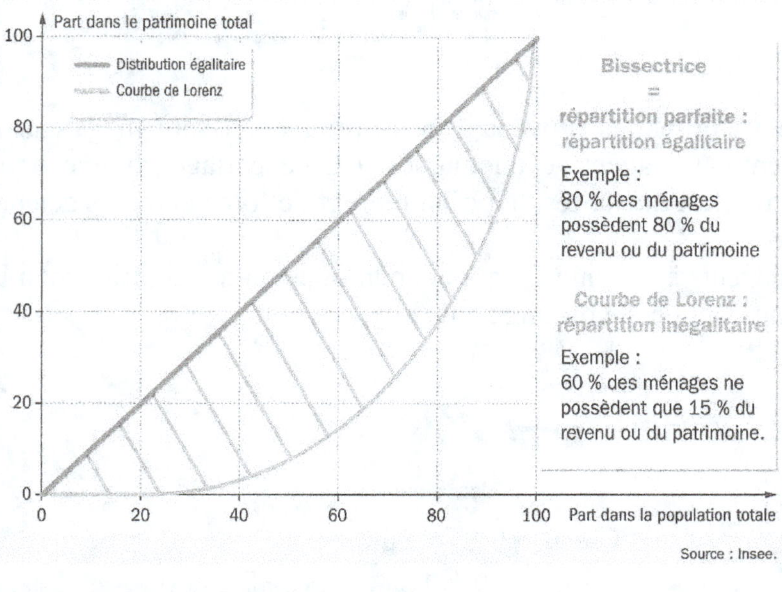

Source : Insee.

Plus la surface entre la courbe de Lorenz et la diagonale est élevée plus la distribution est inégalitaire.

Le Coefficient de Gini d'indice compris entre 0 et 1 ou (0 à 100%), mesure le degré d'inégalité de la distribution des revenus. Un indice égal à 0 correspond à une société très égalitaire et un indice égal à 1 à une situation dans laquelle un seul individu concentre l'ensemble des richesses. Il indique dans quelle mesure la répartition du revenu entre les individus ou les ménages d'un pays s'écarte de l'égalité parfaite. Plus on s'approche de 1 plus la distribution est inégalitaire. Avec un indice de 0,289 en 2019, la France fait partie des pays les plus égalitaires (cf. graphique ci-dessous).

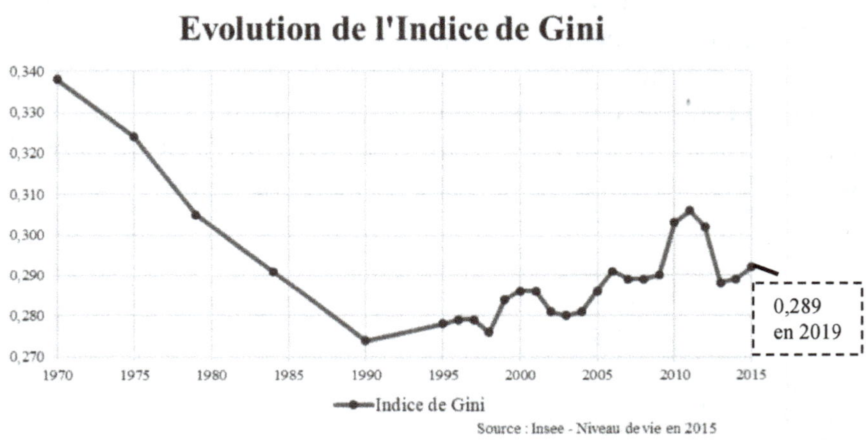

Les revenus primaires provenant de la production sont inégalement répartis entre les agents économiques, car ce partage comme nous l'avons vu, n'est que le résultat d'un rapport de force entre les acteurs économiques.

Seuls les agents économiques qui ont contribué ou qui contribuent à la production vont percevoir un revenu.

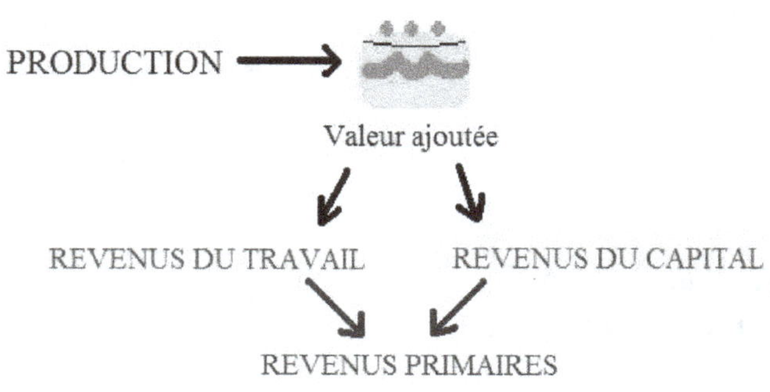

Selon cette répartition des revenus, les exclus de la production n'ont donc pas de ressource. Or, tout individu est confronté dans sa vie quotidienne à des risques sociaux tels que : le chômage, la maladie, les accidents… Pour y faire face, il ne doit compter que sur son épargne et si celle-ci est insuffisante, la trappe de la pauvreté s'entrouvre.
La logique du marché (analyse libérale) fondée sur la règle du chacun pour soi conduit inévitablement à creuser les inégalités entre les agents économiques et à enraciner la pauvreté.
L'État se doit d'intervenir pour modifier cette répartition et redistribuer les richesses permettant de créer une solidarité entre les plus riches et les plus pauvres, entre les actifs occupés et les inactifs (retraités par exemple), entre ceux qui ont un emploi et ceux qui en sont privés, et entre les biens-portants et les malades.

Mais comment peut-il modifier la répartition primaire en vue d'instituer cette solidarité sociale ?

2) La redistribution des revenus

La redistribution constitue une des missions de l'État à côté de ses missions de régulation de l'activité économique c'est-à-dire de réglage des moteurs de l'économie.

A ce titre, son intervention dans le domaine social se traduit par la mise en place d'un système de redistribution. On passe de l'État « gendarme » à l'État « providence ». Mais quels sont les fondements et mécanismes de ce système de redistribution ? Est-il efficace ?
La redistribution correspond à l'ensemble des opérations qui modifient la répartition primaire des revenus. Elle prélève des ressources à certains agents économiques pour les distribuer et les répartir à d'autres.

• La redistribution : ses objectifs et ses formes

A travers la politique de redistribution, l'État poursuit à la fois des objectifs sociaux et des objectifs économiques.

Lesquels ?

Les objectifs sociaux : corriger les inégalités de revenus et freiner l'exclusion sociale. Assurer une protection sociale pour tous en rendant obligatoire une assurance sociale contre les risques sociaux (maladie). Obliger chaque salarié à reporter des revenus dans le temps grâce à une assurance vieillesse par répartition obligatoire.

Les objectifs économiques : soutenir l'activité économique par la consommation en augmentant les prestations sociales.

Selon quelle forme s'effectue la redistribution ?

Elle s'effectue sous deux formes : une redistribution horizontale et une redistribution verticale.

La redistribution horizontale vise en premier lieu, à assurer une protection sociale pour tous les agents économiques.

Chaque individu doit être protégé contre les aléas de la vie (maladie, accidents, chômage, handicaps…). Pendant très longtemps et avant la seconde guerre mondiale (1939/1945), pour faire face à ces risques les ménages ne pouvaient compter que sur leur épargne ou à défaut sur la charité. En France, depuis 1945, grâce au conseil national de la résistance, notre système de redistribution permet une protection sociale pour tous les individus grâce à la sécurité sociale. La santé est un droit et non une marchandise.

Donc, au nom de la solidarité un transfert s'effectue par exemple entre des personnes en bonne santé vers des malades (assurance maladie) ou entre des personnes actives occupées et personnes inactives (retraites). Elle désigne les opérations de transfert entre actifs et inactifs.

La redistribution horizontale

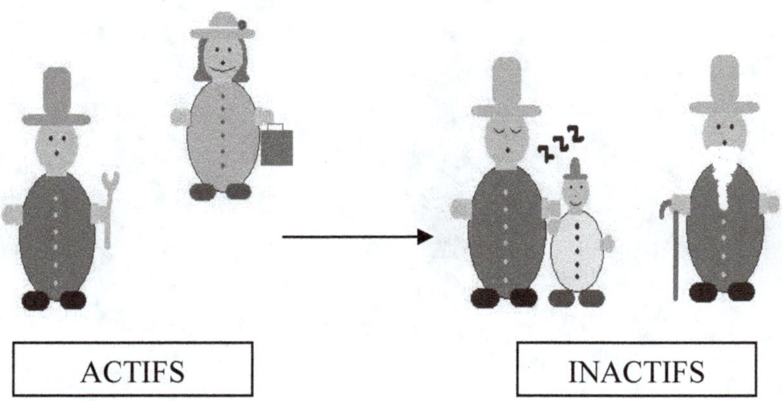

La redistribution verticale, tente de réduire les inégalités de revenus entre les agents économiques par des opérations de transfert des ménages les plus riches vers les ménages les plus pauvres. Cette redistribution verticale consiste à prélever une partie des revenus des plus aisés par l'impôt sur le revenu (impôt progressif) et le redistribuer sous forme de prestations sociales aux ménages les plus modestes afin d'éviter de trop grandes disparités.

Elle désigne les opérations de transfert entre riches et pauvres donc l'objectif est la réduction des inégalités de revenus. Cela se fait essentiellement par l'impôt sur le revenu.

Redistribution verticale

• La redistribution : son mécanisme et son efficacité

Son mécanisme :

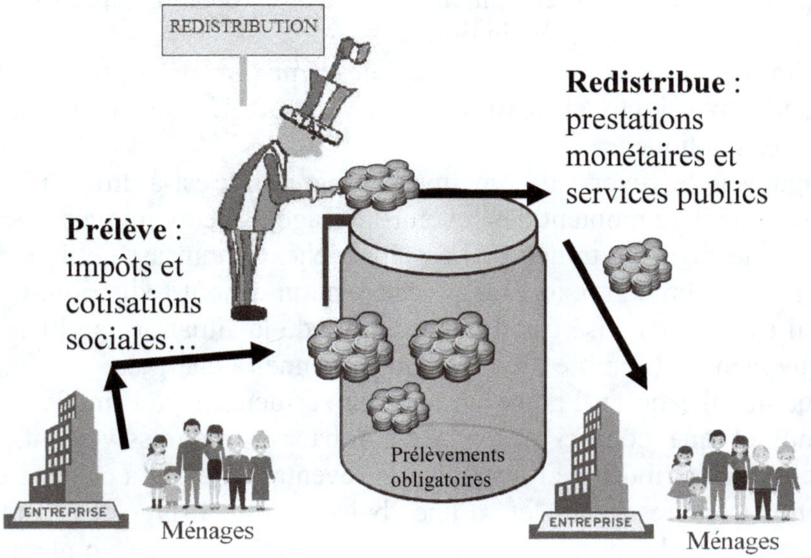

La redistribution consiste à prélever les impôts et les cotisations sociales sur une partie des revenus primaires de certains agents économiques et à les transférer vers d'autres agents économiques sous forme de prestations monétaires et de services publics. Les impôts et les cotisations sociales constituent les prélèvements obligatoires permettant de financer la protection sociale et les services publics.
Une fois cette redistribution accomplie, les ménages disposent d'un revenu disponible (revenu disponible = revenu brut-prélèvements obligatoires + prestations sociales).

Quels sont les deux types de prélèvements obligatoires ?

Deux types de prélèvements obligatoires sont effectués par l'État social (Providence) ou par les organismes publics sociaux.
Les prélèvements fiscaux effectués par l'État et les collectivités locales.
Les prélèvements sociaux effectués par des organismes publics sociaux.

On peut classer les prélèvements fiscaux en deux catégories : les impôts directs et les impôts indirects.
Les impôts directs sont composés des impôts sur le revenu des personnes physiques et des impôts sur les sociétés. Ils financent les dépenses publiques.
L'impôt sur le revenu est un impôt progressif c'est-à-dire qu'il est proportionnel au montant des revenus des agents économiques calculé à partir de diverses tranches. Les plus riches y sont assujettis et les plus pauvres en sont exonérés. C'est donc un impôt redistributif. De plus il est personnalisé car il tient compte de la situation familiale de chaque ménage (nombre d'enfants ou personnes à charge).
Il faut signaler qu'en France un ménage sur deux paye l'impôt sur le revenu, et que celui-ci a tendance à baisser progressivement. Le caractère redistributif de l'impôt sur le revenu s'affaiblit à cause d'une assiette trop restreinte et d'une baisse progressive des impôts progressifs sur le revenu depuis les années 2000 avec de nombreuses niches fiscales. A cela s'ajoute la suppression de l'impôt de solidarité sur la fortune en 2018.
Mais malheureusement, cette orientation à la baisse n'a pas permis de relancer l'activité économique. Elle a plutôt favorisé l'épargne des ménages les plus aisés que leur consommation.
L'impôt progressif ne fait pas que financer l'action publique. Il permet de réduire les inégalités des revenus. Donc la diminution de la progressivité de l'impôt réduit l'efficacité de notre système de redistribution.
De plus, l'impôt progressif occupe une place de moins en moins importante dans la fiscalité française alors que celle des impôts indirects est beaucoup plus grande.
Les impôts indirects sont composés essentiellement de la TVA (taxe sur la valeur ajoutée) qui est un impôt sur la consommation, et de la TIPP (taxe intérieure sur les produits pétroliers) ou encore la CSG (Contribution Sociale Généralisée).

Ils ne sont pas redistributifs. Ils sont supportés de la même manière par tous les ménages quel que soit le niveau de leurs revenus. La TVA représente près de 45% des recettes fiscales du budget de l'État. Elle frappe plus lourdement les consommateurs ayant de faibles revenus. C'est pourquoi on la qualifie d'impôt injuste pesant lourdement sur les ménages modestes.

Les prélèvements sociaux quant à eux, constituent les principales ressources de financement de la protection sociale en France (Sécurité sociale et caisse de retraites par exemple).
Les cotisations sociales sont calculées sur les revenus du travail salarié et non salarié. Ils ne concernent donc pas les revenus du capital, ce qui réduit leur assiette et le niveau du financement des dépenses de santé et de retraites. De plus ces recettes sont liées à la croissance économique. Une baisse de l'activité économique, se traduit par une diminution des recettes sociales, et creuse ainsi les déficits sociaux (c'est le cas pour la sécurité sociale et les caisses de retraites durant la période de récession de 2009).
Sensible à la conjoncture économique, le niveau des cotisations peut baisser avec l'augmentation du chômage et le ralentissement de l'activité économique ou encore avec la modération salariale.
De plus, l'augmentation des cotisations nécessaires pour financer les dépenses sociales alourdit le coût du travail, pénalise l'emploi et affaiblit le pouvoir d'achat des ménages les plus modestes. Alors la France serait-elle la championne du monde des prélèvements obligatoires ? L'excès d'impôts pèse sur l'activité économique selon les économistes « libéraux ». Il faudrait à leur avis, baisser les impôts et les cotisations sociales patronales pour donner plus de pouvoir d'achat aux ménages et libérer notre économie.

Quelle est la part des prélèvements obligatoires dans notre économie ?

En 2020, le taux s'élevait à 44,5 % en France. Le taux de prélèvements obligatoires hors crédits d'impôt a diminué en 2021, pour atteindre 43,5 %. Cette baisse progressive est principalement liée aux mesures prises en faveur des entreprises, en particulier la baisse des impôts de production et du taux d'impôt sur les sociétés. Malgré

cela, la France reste en 2022, selon les prévisions de la Commission européenne, plus de 4 points au-dessus de la moyenne de la zone euro.
Depuis 10 ans, le poids des impôts directs a beaucoup reculé par rapport aux impôts indirects. La suprématie du discours économique libéral et la concurrence fiscale dans une économie mondialisée ont conduit les gouvernements à limiter fortement la progressivité de l'impôt.
Une telle diminution a contribué à affaiblir les services publics, notamment ceux de la santé. La crise sanitaire de 2019/2020 a mis en évidence cet affaiblissement.
Il faut préciser que le poids des prélèvements obligatoires dépend pour une grande partie de celui des cotisations sociales.
En effet, la France offre une protection sociale et des services publics uniques au monde.
Elle offre un modèle social plus développé que dans les autres pays, y compris les pays européens. C'est ce qui explique pourquoi le poids de ses prélèvements obligatoires est plus élevé par rapport à d'autres pays qui n'ont pas le même modèle social. Il faut donc comparer ce qui est comparable. Il faut aussi à partir de ces prélèvements obligatoires, montrer la richesse économique et sociale qu'ils nous procurent. Or, cette richesse n'est jamais évoquée ni évaluée.
Si on voulait évaluer cette richesse, on pourrait comparer la somme des prélèvements obligatoires qui financent notre système de redistribution aux systèmes privés (assurances par exemple) nécessaires pour avoir la même protection sociale et les mêmes services publics qu'en France. On s'apercevrait alors que les systèmes privés coûteraient bien plus chers et seraient très discriminants. Cette comparaison n'est malheureusement jamais effectuée.
C'est pourquoi, il faut préserver notre modèle social et le transmettre aux générations futures, comme le souhaitaient les membres du conseil national de la résistance.

Grâce aux cotisations sociales, ils financent les prestations sociales (revenus sociaux ou de transfert) et grâce aux impôts, ils financent une grande partie des services publics.

Quelles sont les différentes prestations sociales ?

Les revenus sociaux correspondent aux prestations sociales versées aux ménages. Elles prennent deux formes : les prestations d'assistance et les prestations d'assurance.

Les prestations d'assistance sont versées par l'État et les collectivités locales sous forme d'aides sociales aux personnes défavorisées qui ont décroché du système économique (par exemple minimas sociaux, allocations de prérentrée, prime d'activité...). Leur versement n'est pas lié à une cotisation par le bénéficiaire. La protection répond dans ce cas, au nom de la solidarité, à une logique d'assistance. L'objectif est de réduire l'exclusion sociale et la montée de la pauvreté.
Les collectivités locales prennent en charge une partie de cette assistance (par exemple le RSA (revenu de solidarité active) mensuel fixé en 2020 à 564 euros net pour une personne seule).
Elles assurent, selon le principe d'universalité, un revenu financé par les impôts.

Les prestations d'assurance (assurance maladie, assurance vieillesse (retraites), allocations familiales), sont versées par la sécurité sociale grâce aux cotisations sociales. Créée en 1945, la sécurité sociale prend en charge principalement la protection sociale que l'on qualifie de système de répartition par opposition au système de capitalisation.
Le premier est fondé sur la solidarité et les cotisations sociales prélevées sur les revenus des agents économiques. Et, le second repose sur l'individualisme où chacun s'assure personnellement en fonction de ses moyens financiers.

Quant à l'assurance chômage réformée le 1ier octobre 2021, elle est versée par les ASSEDIC. Ils sont chargés de gérer les prestations chômage. Leurs recettes proviennent des cotisations sociales des salariés et des employeurs. Elles permettent d'indemniser les chômeurs grâce aux droits qu'ils ont acquis durant leur activité.

Quelle est leur évolution ?

Le poids des allocations chômage est de plus en plus lourd à cause de la hausse du chômage et de sa durée.

Concernant la protection sociale, il y a un accroissement des dépenses de santé. Elles augmentent plus vite que les ressources et provoquent des déficits de la sécurité sociale.
Les dépenses de vieillesse (retraites) quant à elles, semblent suivre la même évolution.
En effet, le régime des retraites connaît d'importantes difficultés financières. Elles sont dues aux évolutions démographiques (vieillissement de la population, allongement de l'espérance de vie), mais aussi à la mauvaise conjoncture économique (croissance faible voire parfois négative et un taux de chômage élevé).
Ces différentes prestations sociales permettent aux Pouvoirs Publics de lutter contre les inégalités et de réduire l'exclusion sociale. Elles ont prouvé avec les services publics, leur efficacité lors de la pandémie liée à la Covid19 en 2020.

Les services publics sont des services d'intérêt général qui contribuent à la cohésion sociale et à la qualité de vie des citoyens. Ils constituent la production non marchande de la croissance économique et sont financés par les impôts. Ils recherchent à satisfaire l'intérêt général et sont sous le contrôle de l'État, car lui seul est garant de l'intérêt général.
Les agents ne sont pas en rivalité lorsqu'ils les consomment, et ils n'excluent pas les autres agents de les consommer en même temps. C'est pourquoi ils échappent à la logique du marché qui par le prix, exclut.

Est-ce que notre système de redistribution est efficace ?

• Les résultats de la redistribution

Au niveau social :

Le fait que les services publics soient gratuits pour les agents économiques, est un facteur de réduction des inégalités. Par exemple, l'éducation publique ou la santé publique sont gratuites et mises à la disposition de chaque citoyen. Qu'il soit riche ou pauvre, chaque citoyen bénéficie gratuitement du droit à l'éducation et du droit à être soigné. C'est en ce sens qu'ils sont redistributifs et efficaces, car sans eux, une partie de la population ne pourrait ni être éduquée, ni être soignée à défaut de revenu suffisant. S'il n'y avait pas d'impôt, donc pas de service public, le coût des soins serait facturé directement aux malades, celui de la scolarité serait facturé directement aux élèves, comme n'importe quelle marchandise vendue, moyennant un prix sur le marché.

Les catégories sociales les plus modestes bénéficient davantage de richesses publiques que les riches. Les ménages les plus modestes contribuent moins, voire pas du tout au financement des services publics mais en perçoivent autant que les ménages aisés. Donc on peut dire que les services publics sont bien redistributifs. Sans les services publics collectifs, les inégalités exploseraient.

L'écart de revenu moyen entre les 10% les plus modestes et les 10% les plus riches avant redistribution était en 2015, selon l'Insee, de 21,1. Ce qui signifie que les 10% les plus riches gagnaient en moyenne 21 fois plus que les 10% les plus modestes. Après redistribution, cet écart est passé à 5,7.

En permettant de valoriser le capital humain grâce à l'école publique, et en permettant l'accès à la santé pour tous, elle réduit les écarts de niveau de vie et allonge l'espérance de vie notamment des plus modestes en dépit des inégalités persistantes. Elle maintient la solidarité et la cohésion sociale entre les individus en dissociant le risque des cotisations.

Or, au nom d'une certaine idéologie individualiste, vouloir baisser les impôts, réduit l'efficacité des services publics et menace la cohésion sociale. Cette baisse met en péril la pérennité de notre modèle social et aggrave les inégalités sociales.

Au niveau économique :

Elle représente un soutien à la croissance économique grâce à la consommation et à l'investissement public. Les différents instruments de la politique de redistribution contribuent à l'augmentation du pouvoir d'achat des ménages les plus modestes.

La redistribution favorise donc la consommation, l'augmentation de la demande adressée aux entreprises et finalement favorise la production de richesses.

De plus, par les dépenses publiques (santé, recherche, éducation), elle améliore le capital humain, la formation et contribue ainsi à la croissance économique à long terme (cf. théorie de la croissance endogène) et à l'innovation.
On peut s'interroger sur l'efficacité de notre système de redistribution lorsque l'on constate un accroissement de la pauvreté en France.
Cependant, les inégalités ont été réduites depuis la mise en place de la redistribution. De plus, notre système de protection sociale a fait la preuve de son efficacité lors de la récession de 2009 et surtout lors de celle de 2019-2020 liée à la pandémie de Covid19. Grâce à lui, les effets de ces crises ont été moins douloureux en France que dans certains pays.

Aujourd'hui, notre système redistributif se trouve confronté à des déséquilibres sociaux (déficit de l'assurance chômage, déficit du régime des retraites) qui risquent de mettre en péril son efficacité. Selon certains économistes, des réformes structurelles s'imposent afin de le pérenniser et de le rendre moins coûteux.
La réforme de l'assurance chômage en France (2021) et celle prévisible des retraites qui n'ont que pour seule finalité la réduction de leur montant, en sont des exemples.
Cependant, malgré de tels risques, il permet de maintenir un certain niveau de vie minimum aux ménages les plus défavorisés grâce au SMIC. Il sert d'amortisseur social en cas de chocs économiques conjoncturels.
Alors, ne faudrait-il pas modifier la répartition primaire des revenus entre le travail et le capital afin de renforcer l'efficacité de notre système de redistribution plutôt que de réduire ses ressources ? Nous revoilà revenus aux enjeux du partage de la valeur ajoutée.
La répartition des revenus liée à ce partage est au centre de l'activité économique. C'est elle qui détermine le niveau de la consommation et de l'épargne des ménages. Elle active le troisième moteur !
Comment fonctionne-t-il ?

Tribune économique : réflexion-débat

Pour « une taxation accrue des revenus du capital afin que le rentier redevienne entrepreneur »

Les inégalités économiques continuent de se creuser en France et dans les pays développés.
Depuis une dizaine d'années dans notre pays, elles sont devenues plus fortes que pour les générations précédentes malgré une baisse ponctuelle du rapport entre le niveau de vie moyen des 10 % les plus riches et les 10 % les plus pauvres.
Notre système de redistribution tel qu'il est organisé aujourd'hui en France, consiste à prélever grâce aux impôts et aux cotisations sociales chaque année près de la moitié de la richesse nationale créée c'est-à-dire sur l'ensemble des revenus primaires versés en contrepartie de la production, pour ensuite la redistribuer sous forme de prestations monétaires ou de services publics (école, santé, sécurité…).
Par ce mécanisme, pourra-t-il relever le défi d'une réduction significative des inégalités sociales ?
Les chiffres parlent d'eux-mêmes, la moitié du patrimoine (capital immobilier et capital financier) est détenu par les 10 % les plus aisés, les 90 % restants se partagent l'autre moitié. Autrement dit, il y a une reproduction intergénérationnelle des inégalités économiques. Le rapport interdécile – c'est-à-dire le rapport entre les 10 % les plus aisés et les 10 % les plus modestes – est passé de 6,3 en 2003 à 6,9 en 2019.

Précarisation des emplois et des salaires

Les ménages les plus pauvres se sont donc davantage appauvris et les plus riches se sont davantage enrichis. L'indice de Gini, indicateur compris entre 0 et 1, mesurant les inégalités de revenus, confirme cette tendance. Plus il est proche de 0, plus on s'approche d'une égalité des revenus et au contraire, plus il est proche de 1, plus les revenus sont inégaux. Pour notre économie il est passé de 0,27 en 1990 à 0,29 en 2020. Il est ainsi en légère hausse, signe d'une

répartition inégalitaire des revenus plus ou moins contenue malgré un pic en 2013 à 0,30.
Plusieurs raisons peuvent expliquer ces inégalités de revenus. La première est liée à la mondialisation de l'économie gouvernée par le libre-échange. En effet, face à des économies devenues de plus en plus ouvertes et en compétition les unes contre les autres, les entreprises recherchent à réaliser des gains de productivité soit en comprimant leurs coûts salariaux, soit en flexibilisant davantage le travail.
Or, cette course effrénée à la recherche de la compétitivité, a précarisé une grande partie des emplois et avec elle, celle des salaires. Ces emplois précaires, de mauvaise qualité, peu rémunérateurs placent fréquemment les travailleurs dans une situation de pauvreté et aggravent ainsi les disparités sociales.

Plus de compétitivité

De plus, l'exigence de toujours plus de compétitivité a incité les Etats à réduire leur niveau de fiscalité afin d'attirer des investisseurs et d'éviter une fuite des capitaux, ce qui s'est traduit par un accroissement des très hauts revenus.
Quant à la seconde raison, elle trouve son origine dans la faiblesse des taux de croissance et dans le choix de la combinaison des facteurs de production (travail et capital) des entrepreneurs. Contraints par les progrès technologiques et numériques, les chefs d'entreprises donnent l'avantage au capital par rapport au travail dans leurs choix de production, ce qui réduit la contribution du travail à la croissance et donc du revenu versé en contrepartie.
La part du revenu du capital a tendance à augmenter du fait de sa plus forte contribution à la production contrairement à celle du travail. Or, comme l'a si bien démontré Thomas Piketty dans *Le capital au XXI siècle* (Seuil, 2013), lorsque le rendement du capital devient supérieur au taux de croissance, la rente se substitue progressivement au rendement car le placement devient plus profitable que l'investissement.

L'entrepreneur rentier

L'entrepreneur se transforme ainsi en rentier. Il s'enrichit davantage sans une véritable hausse de la production en contrepartie, creusant ainsi les inégalités entre le revenu du travail et le revenu du capital.

Dans ces conditions, plus la fortune des très hauts revenus s'accroît moins la croissance devient forte. Et moins la croissance devient forte, plus le chômage augmente et plus celui-ci augmente, plus les inégalités s'aggravent.
Notre système de redistribution fondé sur la solidarité sociale, peut-il mettre fin à cette spirale inégalitaire dans un contexte de faible croissance ?
S'il parvient à ralentir cette spirale grâce aux effets redistributifs des allocations et des services publics sur le revenu final des ménages – comme le confirme l'indice de Gini qui est passé en 2014 de 0,497 avant redistribution, ce qui désigne une situation très inégalitaire, à 0,292 après redistribution –, ce n'est pas pour autant que les inégalités se réduisent réellement.
Dans une conjoncture morose, son dispositif serait devenu trop coûteux en prélèvements et trop généreux en aides sociales, enfermant trop souvent leurs bénéficiaires dans l'assistanat et aurait donc atteint ses limites. C'est pourquoi il devient nécessaire de renforcer la redistribution verticale grâce à une taxation accrue des revenus du capital afin que le rentier redevienne entrepreneur.

Harmoniser la fiscalité au niveau européen

Cela relancerait la croissance et l'emploi et permettrait d'augmenter le niveau de vie des classes moyennes et populaires qui tirent la croissance économique. Mais pour que la taxation de la rente soit effective, il faut harmoniser nos systèmes fiscaux au niveau européen pour éviter l'évasion fiscale.
De plus, il est nécessaire de réduire en priorité les inégalités des revenus primaires en mettant en œuvre une régulation sociale dans la formation de ces revenus, afin de rendre ensuite la redistribution moins coûteuse et plus efficace. C'est à ces conditions que la justice sociale et l'efficacité économique redeviendront complémentaires.
Si des propositions concrètes existent pour relever le défi des inégalités, il reste à forger une volonté politique nationale et européenne. Trouver un accord politique à ces deux niveaux de décision serait porteur d'espérance et réconcilierait les citoyens avec une solidarité redevenue légitime.

« Les dépenses publiques sont une richesse, pas une charge, pour l'économie »

Le financement des dépenses publiques par les prélèvements obligatoires est souvent présenté comme une entrave à la croissance économique de notre pays. Or cette présentation est très contestable.
Les dépenses de l'Etat se divisent en deux grandes catégories très différentes l'une de l'autre. Celles assurant la production non marchande de notre économie, qui se composent des dépenses de fonctionnement et des dépenses d'investissement. Et celles qui opèrent à des transferts de ressources entre les acteurs économiques, sous forme de prestations sociales ou de revenus sociaux. Les premières servent à produire les biens et les services publics nécessaires à notre activité économique. Quant aux secondes, elles servent à garantir notre protection sociale et notre bien-être.
Leur niveau, calculé par rapport au PIB, doit être mentionné avec discernement. En effet, lorsque l'on annonce que les dépenses publiques absorbent, en France, 57 % de la richesse nationale, aucune distinction n'est faite entre ces deux catégories de dépenses. Ce qui renforce l'idée fausse que la dépense publique est une charge pour notre économie, qu'il faut à tout prix réduire pour relancer la croissance et baisser les impôts. Alors que, au contraire, elle représente une richesse.

Une des composantes du PIB

La production de biens publics non marchands – éducation, santé, recherche, sécurité, défense, infrastructures de transports... – contribue, au même titre que la production marchande, à la richesse nationale. Les dépenses publiques sont, avec la consommation, avec la formation brute de capital fixe et avec les exportations, une des composantes du PIB. Les augmenter, c'est donc augmenter le PIB et non amputer la richesse nationale.
« Grâce à ses dépenses publiques, l'économie française parvient à contenir les inégalités et la pauvreté »

Depuis vingt ans, les dépenses de fonctionnement et d'investissement sont restées quasi constantes, alors que les revenus de transferts et la charge de la dette ont fortement augmenté. Aujourd'hui, cette hausse

rend le financement des dépenses publiques de plus en plus coûteux. Il pèse sur la compétitivité des entreprises en renchérissant le coût du travail à cause de la hausse des prélèvements obligatoires qui en résulte. Le taux des prélèvements obligatoires (composés à 63 % par les impôts et 37 % par les cotisations sociales), qui a atteint les 45 % du PIB en 2018, affaiblit l'offre et aggrave la montée du chômage, selon les théoriciens libéraux.
Malgré la hausse des prélèvements obligatoires, les ressources fiscales ne permettent pas de couvrir les dépenses publiques et de réduire le déficit budgétaire en deçà des 3 % du PIB. Plus de la moitié de la dépense publique est constituée de prestations et de transferts perçus par les ménages et les entreprises. Notre pays a socialisé, plus qu'ailleurs, le financement des retraites et celui de la santé, ce qui fait de son système de redistribution un des plus performants d'Europe. Ce qui signifie que grâce à ses dépenses publiques, l'économie française parvient à contenir les inégalités et la pauvreté.

Des économies coûteuses à moyen terme

Pour les économistes libéraux, leur réduction s'impose, mais cela n'est pas sans danger. La baisse des dépenses publiques ralentit l'activité économique à défaut d'un soutien durable de l'investissement public et privé, qui reste encore fragile en 2019. Leur assainissement, imposé pour réactiver la production par l'offre, risque de provoquer une diminution du niveau de la protection sociale et des services publics.
En diminuant les dépenses publiques de production, on réduit les déficits sans augmenter les impôts, pour compenser la baisse des cotisations sociales accordée aux entreprises. Or rien ne garantit que cette réduction des dépenses publiques, accompagnée d'une baisse des impôts, stimule l'offre des entreprises privées. Rien ne garantit que cette baisse redonne de la confiance et incite les entreprises à investir dans l'économie réelle plutôt que dans la finance, au vu des prévisions de croissance du PIB peu encourageantes pour 2019.
Si on réduit la masse salariale de la fonction publique, il deviendra de plus en plus difficile de recruter des fonctionnaires qualifiés, bien formés et motivés. Cette modération rendra plus difficile par la suite le développement de la qualité de nos services publics, et ce alors que les dépenses de fonctionnement sont restées constantes depuis 1980. Les usagers en seront les premiers insatisfaits.

En outre, si l'on amoindrit la protection sociale ainsi que les prestations sociales, il en résultera une explosion des inégalités, une aggravation de la précarité et donc une extension de la pauvreté, qui affaiblit la croissance. A y regarder de près, de telles économies pourraient s'avérer à moyen terme, plus coûteuses que leurs gains escomptés à court terme.

Privilégier la qualité des services publics

Alors comment faire des économies tout en soutenant la demande sans pénaliser l'offre ? Les économies doivent être ciblées. Il conviendrait de dépenser davantage et mieux dans certains secteurs considérés comme prioritaires tels que l'éducation, la recherche, la santé et la sécurité. Et, au contraire, il faudrait dépenser moins dans les autres secteurs publics en modernisant ou en externalisant certaines de leurs tâches. Il conviendrait aussi d'imposer tous les ménages en développant davantage l'impôt progressif plutôt que les impôts indirects. Il conviendrait de supprimer les niches fiscales et de lutter véritablement et efficacement contre l'évasion fiscale.
Cette redéfinition des priorités de l'action publique devrait être l'occasion d'améliorer le fonctionnement des services publics en privilégiant davantage la qualité que la quantité. Nous avons besoin d'économies sur certaines dépenses publiques non pour accélérer le remboursement de la dette, mais pour relancer l'investissement et accélérer la transition énergétique.
Face aux logiques comptables à court terme, il faudra beaucoup de courage politique pour réhabiliter cette idée pourtant simple selon laquelle les dépenses publiques sont une richesse économique et non un coût.

III- Le moteur de la consommation : la consommation des ménages

« On consommait pour vivre, aujourd'hui on vit pour consommer ».

La mise en route du deuxième moteur de l'activité économique va enclencher le troisième, celui de la consommation. En effet, c'est à partir de leurs revenus que les agents économiques consomment, peuvent acheter sur le marché les biens ou services dont ils ont besoin. Le revenu reste le déterminant substantiel de la consommation.

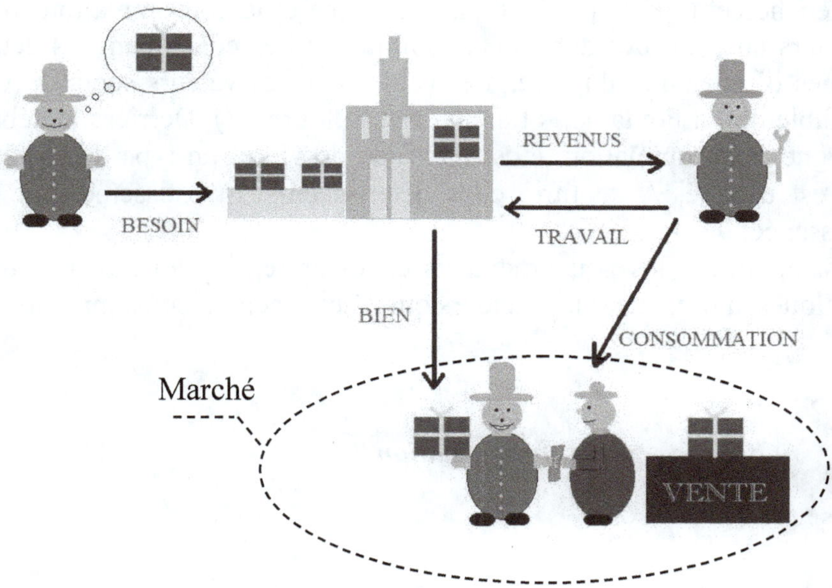

Le niveau de la consommation caractérise notre mode de vie et maintient le rythme de la production. Sans création de richesses, il n'existe pas de consommation, sans consommation il n'existe pas de création de richesses. En effet, une baisse de régime de ce troisième moteur compromet fortement le premier.

1) Définition et déterminants de la consommation

La consommation est le phénomène économique et sociologique le plus caractéristique des sociétés développées.

Elle représente le troisième moteur de l'activité économique qui déclenche celui de la production. L'épargne et la consommation sont toujours au cœur des débats économiques. Elles constituent les deux formes d'utilisation du revenu et véhiculent des valeurs sociales (cf. La fable de La Fontaine, « La cigale et la fourmi »). Derrière le débat épargne - consommation, c'est un mode de vie et un type de société qui est discuté. A ce titre, elles déterminent l'investissement et la croissance.
C'est pourquoi, les gouvernements et les entreprises, à travers leurs politiques, agissent sur les facteurs qui déterminent la consommation.

Qu'est-ce que la consommation ?

La consommation est un acte économique qui consiste à utiliser des biens ou services grâce au revenu disponible, qui seront détruits immédiatement ou progressivement, afin de satisfaire un besoin.
La consommation correspond donc à la destruction de richesses que seule la satisfaction du besoin justifie.

- **Les multiples formes de la consommation**

On parle de consommation finale pour désigner les acquisitions de biens ou services visant à satisfaire directement les besoins des ménages. La consommation finale peut prendre différentes formes selon la nature des biens ou services achetés. La consommation est marchande lorsqu'elle se traduit par des achats de biens ou services sur le marché. Elle est non marchande lorsqu'elle se traduit par la consommation de services publics ou par l'autoconsommation.
Les acquisitions de logements ne sont pas assimilées à des consommations mais à des investissements.

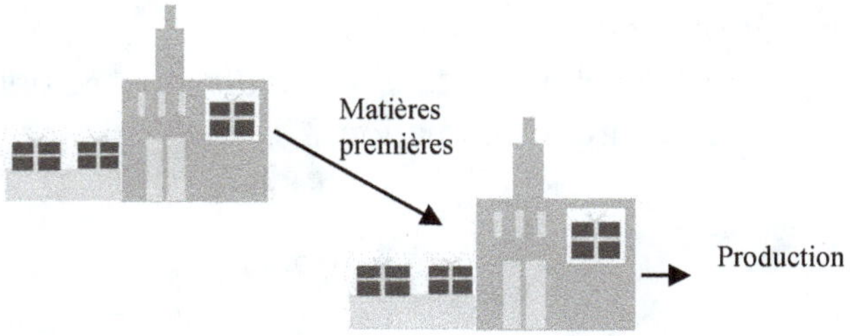

La consommation intermédiaire quant à elle, elle est réalisée par les entreprises qui consomment des biens ou services pour produire d'autres biens (matières premières).

La consommation peut prendre aussi différentes formes selon le nombre de consommateurs.

On distingue ainsi la consommation de services individuels, c'est-à-dire une consommation d'un service effectuée par un consommateur et la consommation de services collectifs.
Un bien ou un service collectif peut être consommé par plusieurs consommateurs en même temps (film au cinéma, routes, transport collectif, cours en classe…). Cette consommation est souvent non marchande, c'est-à-dire gratuite (l'utilisation des routes, l'enseignement public), par opposition à la consommation marchande qui est composée de biens ou services que l'on peut acheter sur le marché.

• Les déterminants de la consommation

Les produits que nous consommons ne sont pas ceux que nos grands parents consommaient, et ne seront pas non plus ceux que nos enfants consommeront.
La consommation évolue avec le temps au rythme des innovations, des nouvelles technologies, des mutations économiques, socioculturelles, des changements de modes de vie et des besoins.
La consommation, en permettant de satisfaire nos besoins, nous fait souvent croire que le bonheur est matériel comme l'affirme la publicité. *« Consommez et vous serez heureux ! ».*
Le bonheur économique se trouverait-il dans « *l'avoir plus* », donc dans la consommation, voire la surconsommation ?

Quels sont donc les déterminants de la consommation ?

La consommation est inhérente au comportement du consommateur. Ce comportement dépend de facteurs individuels et collectifs qui déterminent ses choix de consommation.

Les déterminants psychologiques :

Le comportement du consommateur dépend de facteurs individuels qui déterminent ses choix de consommation.

L'utilité : C'est la satisfaction que procure le bien. Elle est synonyme de valeur subjective du bien. Le consommateur fait des choix entre les biens en fonction de la satisfaction qu'ils lui apportent sous la contrainte de son budget et des prix des produits. Selon la théorie néo-classique, le consommateur est un être rationnel et peut donc classer les biens par ordre de préférence (courbes d'indifférence). Il va donc rechercher le bien qui lui procure l'utilité maximale. Cette utilité est une fonction décroissante, au fur et à mesure que la quantité consommée s'accroît, l'utilité diminue. L'intensité de la satisfaction se réduit dès que le besoin est satisfait. Si l'analyse néo-classique part de l'hypothèse de rationalité du consommateur, certains économistes et plus particulièrement Steve Keen dans « *l'imposture économique* », vont remettre en question cette rationalité réduisant la consommation à un simple calcul économique coûts/avantages.

Les besoins : Comme nous l'avions déjà évoqué dans l'introduction générale, le besoin, qu'il soit primaire ou secondaire (social), est le phénomène déclencheur de la consommation.
C'est un sentiment de privation qui pousse l'individu à agir pour réduire cette privation ou la faire disparaître.
Ils peuvent être hiérarchisés selon la pyramide de Maslow. Le consommateur recherche d'abord à satisfaire ses besoins primaires, et ce n'est que par la suite qu'il va rechercher à satisfaire les besoins secondaires. Aujourd'hui, les besoins secondaires représentent la majorité des besoins car les premiers sont satisfaits dans la plupart des cas. Ce qui n'est pas le cas dans certains pays ou pour certaines personnes connaissant la précarité ou la pauvreté.

Abraham Maslow (1908/1970) est un psychologue célèbre, surtout connu pour son explication de la motivation des salariés par la hiérarchie des besoins, qui est souvent représentée par une pyramide des besoins.

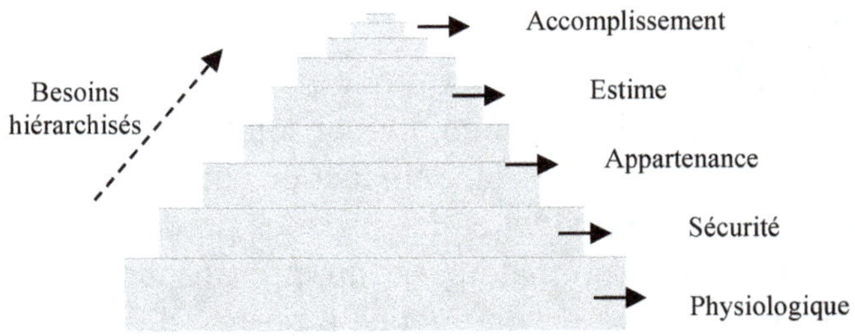

Pyramide de Maslow

L'individu agit en fonction de la hiérarchie de ses besoins. Il commence par chercher à satisfaire le niveau 1 (besoins physiologiques) puis progressivement les besoins du niveau supérieur.
Cette classification des besoins selon Maslow est très utile pour la stratégie commerciale des entreprises. Elles s'en servent dans leur plan de marchéage : publicité, politique de produit, argumentaire de vente.
Elles vont s'appuyer sur ces divers besoins pour influencer le comportement du consommateur et donc influencer sa consommation (par exemple : l'*estime* pour les parfums, la *sécurité* pour la santé, l'assurance, ou encore l'*appartenance* pour les produits d'Apple). Cependant le passage à un besoin supérieur n'est pas automatique, il dépend de chaque individu et surtout de son pouvoir d'achat.

Les motivations : Les motivations sont des pulsions positives qui incitent à l'achat. La motivation est une force qui pousse à agir ou ne pas agir. On peut en distinguer trois catégories d'après H. Joannis (1965) : les motivations hédonistes sont des pulsions d'achat liées au plaisir, au désir de profiter de la vie et de se faire plaisir. Les motivations oblatives représentent le désir de faire plaisir, de rendre service, de faire plaisir aux autres et de faire du bien (offrir un cadeau par exemple). Et les motivations d'auto-expression sont des pulsions d'achat visant à chacun d'entre nous d'exprimer ce qu'il est ou aimerait être. Ces motivations sont liées à l'image de soi.

Les déterminants économiques :

Les choix du consommateur sont contraints par deux facteurs économiques : le prix et le revenu.

Le prix influence la consommation :

Le consommateur en tant qu'être rationnel achète davantage lorsque les prix diminuent et inversement. Le prix est un des déterminants essentiels de la consommation. Les entreprises utilisent cette variable dans leur politique commerciale pour influencer l'achat : promotion, prix psychologique par exemple.
Ainsi la demande varie selon le niveau du prix. Plus celui-ci est élevé plus la demande est faible car les ménages perdent du pouvoir d'achat. On dit dans ce cas que la demande est élastique par rapport aux prix. Elle est donc sensible à une variation des prix. Si la demande ne varie pas en réponse à une variation des prix, on dit que la demande est inélastique (cas du prix du carburant, du prix des produits de première nécessité).

Les exceptions à la loi de la demande et à la rationalité du consommateur au sens des néo-classiques.

L'effet Veblen : montre que la consommation augmente malgré une hausse de prix, car les consommateurs recherchent un snobisme, une image sociale, un statut (produits de luxe par exemple). Le prix élevé du produit joue un rôle de signal donné aux autres pour afficher sa différence sociale et se comparer. La consommation devient ici ostentatoire plutôt que rationnelle.

L'effet Giffen : l'augmentation du prix des produits de première nécessité provoque une augmentation de la demande de ces biens, car les ménages modestes sont obligés de réduire leurs dépenses en biens supérieurs afin de se procurer les biens de première nécessité.

L'effet d'imitation : Selon Dusenberry, le comportement de consommation est fonction du groupe social auquel le consommateur appartient ou auquel il s'identifie. Il y aurait un effet d'imitation dans l'acte de consommation afin de renforcer le besoin d'appartenance au groupe.

L'effet cliquet : Selon Brown, la consommation dépend du revenu actuel et des habitudes de consommation antérieures. Quand les revenus baissent, les consommateurs ont tendance à maintenir le niveau de consommation qu'ils avaient atteint antérieurement. La consommation ne diminue pas du fait du « cliquet » à court terme.

Le revenu influence la consommation :

La consommation dépend du revenu. Celui-ci est un déterminant substantiel puisqu'il détermine le pouvoir d'achat des ménages. C'est lui qui leur permet de satisfaire leurs besoins. Il représente une contrainte dans le choix des biens que le consommateur souhaite acquérir.
Il existe une relation entre les dépenses de consommation et le niveau des revenus aussi bien au niveau de chaque agent économique, qu'au niveau global.

J.M. Keynes (1883/1946) : Dans la théorie générale (1936), Keynes démontre qu'il existe au niveau global, entre la consommation et le revenu disponible une relation : la « loi psychologique fondamentale » selon laquelle en moyenne les ménages tendent à accroître leur consommation à mesure que leur revenu croît, mais non d'une quantité aussi grande que l'accroissement du revenu. Cette relation s'exprime par la fonction de consommation… Keynes exprime l'idée que la propension moyenne à consommer est plus forte chez les ménages modestes que chez les ménages aisés. Les plus riches ont tendance à épargner le supplément de revenu, car leurs besoins sont pour la plupart satisfaits.

Cette relation est fondamentale, elle va déterminer l'efficacité des politiques économiques de relance de la consommation.

Les déterminants socioculturels :

Les facteurs économiques et psychologiques ne sont pas les seuls déterminants de la consommation des ménages. Celle-ci dépend de facteurs sociologiques. La consommation est un acte social entretenu par le pouvoir des entreprises. JK Galbraith (1908-2006) dans sa théorie de la filière inversée a montré que l'offre détermine la demande. Il a démontré que la consommation et les désirs d'achat des consommateurs sont fortement influencés par les stratégies de communication des entreprises.

La consommation est un signe social :

La consommation remplit simultanément trois fonctions : une fonction utilitaire, une fonction de communication et une fonction imaginaire.
Nous achetons des produits parce qu'ils nous sont utiles.
Le produit répond aux besoins primaires ou physiologiques. Il est utile pour le service qu'il procure au consommateur (un manteau protège du froid, l'eau minérale calme la soif, une voiture permet de se déplacer, un téléphone mobile facilite la communication).
Or, en achetant une voiture de luxe ou le dernier Smartphone, le consommateur ne recherche pas que l'utilité de pouvoir se déplacer, ni que l'utilité de pouvoir librement communiquer, mais aussi la possibilité de se différencier, d'afficher sa position sociale. La consommation remplit une fonction de communication ou de transmission de signes.
Dans ce cas, la consommation joue un rôle d'intégration ou d'appartenance à un groupe social (un manteau de grande marque ou une voiture de luxe traduit l'appartenance à un groupe, détermine un certain statut social ou position sociale). Le groupe social impose un certain type de consommation.
La consommation a aussi un rôle de différenciation par rapport aux autres (rôle des marques : *« la marque vous marque, mais vous démarque »*).
Enfin, elle a une fonction imaginaire. Souvent c'est une consommation plutôt inattendue. La consommation serait un moyen d'échapper provisoirement à sa condition, de s'évader, d'échapper au réel. Elle est souvent de l'ordre de l'inconscient ou du rêve matériel.

La consommation est un signe culturel de distinction :

Pierre Bourdieu (1930/2002) a élaboré, notamment dans ***La distinction***, une théorie qui explique principalement la logique de constitution des groupes sociaux à partir des modes de hiérarchisation des sociétés, les styles de vie et les luttes que se livrent ces groupes sociaux, les modalités de reproduction des hiérarchies sociales et des groupes sociaux. Il a montré l'importance des facteurs socioculturels sur les différents comportements de consommation.

Tout individu est doté de trois formes de capital : d'un capital économique, d'un capital social, et d'un capital culturel. Cette combinaison de ses trois formes de capital va donner des types de consommation différents selon les catégories sociales des individus.
Des consommateurs ayant le même capital économique, auront des structures de consommation différentes selon leur capital culturel *(cette distinction nous la retrouvons dans les différents domaines tels que : les loisirs, la musique, les arts, le type de sport pratiqué par exemple*).

D'autres facteurs non économiques sont souvent pris en compte pour expliquer le comportement du consommateur. Les styles de vie définissent des stéréotypes de comportement de consommation à partir des critères suivants : activités, opinions, centres d'intérêts, manière de consommer. Ces typologies vont surtout être utiles aux entreprises pour adapter leurs produits, élaborer leurs stratégies commerciales, selon la cible visée.
Les facteurs situationnels liés aux conditions dans lesquelles s'effectuent les achats, influencent aussi la consommation. Selon les situations, ou les contextes de l'achat, les consommateurs n'auront pas le même comportement. L'environnement physique et l'environnement temporel agissent sur les décisions d'achat.
Les commerciaux, à travers le marchandisage, c'est-à-dire la mise en valeur de leur offre commerciale dans leur point de vente, et à travers les promotions (*Black Friday*), participent à la création de ces contextes.

2) Rôles et évolution de la consommation

- **La consommation : facteur de croissance et de crise**

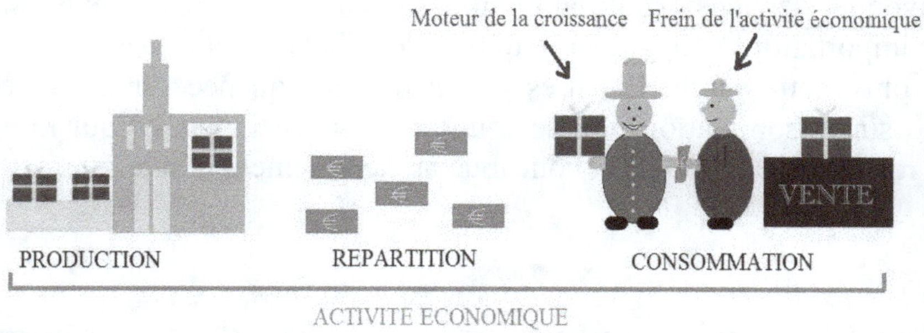

Elle stimule l'activité économique. Elle est le moteur de la croissance économique. En tant qu'une composante de la demande, elle est un facteur de croissance. Sans consommation il n'y a pas de production. Elle assure les débouchés de la production. C'est elle qui remplit les carnets de commandes des entreprises, et fixe ainsi le niveau de leur production et celui des emplois. La consommation des ménages détermine les revenus des entreprises. Ces revenus vont pour partie être à leur tour consommés, et cette consommation va donner naissance à de nouveaux revenus. Ainsi, plus la part du revenu consommée est importante, plus l'effet multiplicateur sera important.
Grâce à elle, le moteur de la production peut fonctionner. Si la production s'accroît, le P.I.B. augmente, les revenus aussi, l'économie est dans un cycle d'expansion.

Mais elle peut dérégler l'activité économique. En effet, à défaut de revenus suffisants ou par crainte de l'avenir, les ménages peuvent réduire leurs dépenses et préférer épargner.
La consommation ralentit et entraîne dans son ralentissement celui de la production, car le carnet de commandes des entreprises diminue.

Cette baisse de la production bride le moteur de la répartition, ce qui se traduit par une diminution de la croissance et par une dégradation du niveau de l'emploi.
Au contraire, une surchauffe du moteur de la consommation peut aussi dérégler les deux autres moteurs, et freiner l'activité économique en provoquant de l'inflation (hausse généralisée des prix). En effet, une augmentation trop forte de la consommation par rapport à la production engendre un déséquilibre entre l'offre et la demande sur le marché des biens et services, se traduisant par une hausse des prix liée à la rareté. Par sa forte progression, la consommation peut donc provoquer des tensions inflationnistes ou encore favoriser l'expansion des importations et aggraver le déficit de la balance commerciale.
De plus, cette surchauffe n'est pas sans conséquence sur la planète. Une surconsommation pousse à une croissance intensive qui raréfie les ressources naturelles et contribue au dérèglement climatique.

- **La consommation, une variable de la politique économique des gouvernements**

En tant que principal moteur de la croissance, elle est un instrument de la politique économique des gouvernements. Elle devient une variable pour relancer l'activité économique par la demande. Pour faire redémarrer la croissance, l'État va agir sur la consommation en augmentant les revenus sociaux et le SMIC (politique de relance en 1982 en France) ou en réduisant les impôts (politique économique de l'offre en France en 2018).
Cependant, une telle politique se heurte à la contrainte extérieure : hausse des importations qui peut engendrer un déficit de la balance commerciale. Une relance par une baisse des impôts se heurte au comportement des ménages les plus riches qui ont une propension moyenne à épargner plus forte que les ménages modestes. Une baisse des impôts chez ces ménages, provoque une augmentation de leurs revenus se traduisant par une augmentation de leur épargne plutôt que de leur consommation.

- **L'évolution de la consommation**

La consommation évolue avec le temps, aux rythmes des mutations économiques, sociales et technologiques.
Le paysage français a subi au cours des cinquante dernières années des modifications qui ont changé la structure de la consommation notamment avec l'essor du numérique.
Le premier poste budgétaire des ménages est le logement, le second l'alimentation, et le troisième le transport.
La part du poste santé est en augmentation régulière ainsi que celle relative à la communication (téléphone mobile, internet…).

Postes budgétaires	1960	1975	1990	2007	2019
Alimentation	29	23	21	17	17
Logement, eau, gaz, ameublement…	24	30	31	32	31
Transport	11	15	17	15	14
Habillement	8	7	6	5	4
Santé	1	1	3	4	4
Communication, loisirs et culture	3	4	5	10	10
Divers	23	19	18	19	21
Total	**100**	**100**	**100**	**100**	**100**

https://eduscol.educat

L'essor du numérique a modifié les modes de consommation. En effet, 38 millions de français achètent sur internet. On est passé des consommateurs « avisés » aux consommateurs « connectés ». Les réseaux sociaux et l'usage massif du smartphone (apparu en 2007) transforment la consommation. Les consommateurs évaluent et comparent, critiquent en émettant des avis sur le net, et donc influencent les stratégies marketing des entreprises et des marques. Les consommateurs sont de plus en plus en relation avec des machines, des algorithmes, plutôt qu'avec des vendeurs(es). Il ne s'agit plus pour les entreprises d'imposer un produit, mais de capter l'attention des consommateurs zappeurs. Les applications sont devenues désormais les outils indispensables pour consommer.

Cet essor a fait émerger de nouveaux modèles de consommation. La révolution numérique bouleverse les habitudes de consommation. Aujourd'hui consommer ne signifie plus posséder. On passe petit à petit d'une économie de la propriété à une économie de l'usage.
Donc, on passe de la vente du bien à la vente de l'usage du bien (Airbnb, Vélib, BlaBlacar). Les entreprises s'adaptent à cette évolution en développant leurs plateformes. La bonne santé de l'économie collaborative en est la démonstration.

Donc, l'usage se substitue à la possession et les modèles de location ou d'abonnements se développent de plus en plus. Ils deviennent de nouveaux modèles de consommation (Netflix, Deezer par exemple).
Néanmoins, face à cette consommation devenue numérisée, les confinements de 2020 dus à la pandémie Covid19, ont fait naître une consommation plus citoyenne et plus responsable s'orientant vers davantage de production locale.
Cette nouvelle forme de consommation, privilégiant les circuits courts, opposée à la consommation de masse, a tendance à se développer et à tisser de nouveaux liens de confiance à l'égard des producteurs.

Les relations économiques entre les agents, se traduisent donc par des actes économiques et des échanges quotidiens. Les acteurs économiques produisent, distribuent des revenus et les répartissent, puis consomment les biens et services ainsi produits afin de satisfaire leurs besoins.
L'ensemble de ces échanges met en œuvre les trois moteurs interdépendants de la vie économique. Cependant, comme tout moteur, pour pouvoir fonctionner, il faut du carburant.

En économie, c'est la monnaie qui est le carburant des trois moteurs de l'activité économique. Elle n'est pas neutre comme l'affirment encore certains économistes.

De quelle manière fait-elle tourner ces trois moteurs ?

Tribune économique : réflexion-débat

La course effrénée à la baisse des prix précarise le travail et encourage la concurrence par les salaires

Il est possible, dans un contexte de reprise économique, de favoriser la hausse du revenu du travail pour donner plus de pouvoir d'achat et d'emplois, sans pénaliser la compétitivité des entreprises.
Les ménages ont, aujourd'hui, avec la même quantité d'argent qu'hier, le sentiment de ne plus pouvoir acheter la même quantité de biens et services, en raison de la hausse des prix de certains produits alimentaires, de celui du pétrole renchéri par les taxes sur le carburant, de ceux du gaz, de l'électricité, des loyers et des coûts des matières premières en 2021.
Ces différentes hausses font craindre un retour de l'inflation. Cette crainte de la vie chère s'est amplifiée dans un contexte où de nouveaux modes de consommation couplés à des besoins toujours plus nombreux, font face à des salaires qui ne progressent que très faiblement ou stagnent le plus souvent.
Si l'inflation qui se situe actuellement à 1,9 % ne baisse pas et si les salaires n'augmentent pas, les fins de mois pourraient être de plus en plus difficiles pour les ménages aux revenus moyens. La modération salariale des employés du secteur privé imposée par la compétitivité et par la crise sanitaire renforce ce sentiment. Celle du secteur public et plus particulièrement celle des enseignants, justifiée par la réduction des dépenses publiques, le confirme.

L'affaire des entreprises

Le pouvoir d'achat est d'abord l'affaire des entreprises puisqu'elles fixent directement le niveau du salaire. Hormis le smic et le traitement des fonctionnaires, l'Etat n'intervient qu'indirectement sur le pouvoir d'achat en fixant le montant des impôts, des cotisations sociales et des prestations sociales.
Le pouvoir d'achat dépend à la fois du prix et du revenu. Dès lors, pour en distribuer davantage, deux types de mesures sont possibles.

L'État pourrait conditionner allègements fiscaux et cotisations sociales patronales à l'augmentation des rémunérations, afin d'inciter les entreprises à modifier le partage de la valeur ajoutée en faveur des revenus du travail

Le premier type consiste à réduire les prix en comprimant les salaires considérés comme un coût, afin de favoriser la compétitivité des entreprises et d'en faire bénéficier les consommateurs grâce à la baisse des prix qui en résulte. Cette recherche accrue de la baisse des prix à travers la réduction du coût du travail tend à opposer les intérêts de ceux qui achètent aux intérêts de ceux qui produisent, oubliant au passage que ceux qui produisent et ceux qui achètent sont les mêmes agents économiques dénommés autrement.
Cette course effrénée à la baisse des prix précarise le travail et encourage la concurrence par les salaires. Elle contraint les ménages à consommer moins cher, obligeant ainsi les entreprises à leur tour, à produire encore moins cher en comprimant davantage leurs coûts salariaux pour maintenir leur marge et trouver des débouchés. Elle enclenche ce cercle vicieux où la baisse des prix entraîne moins de débouchés pour les entreprises résidentes sur le territoire, faute de salaire suffisant.
Ce faisant, la baisse du coût du travail entraîne une pénurie de l'offre de certains produits faute de production nationale, provoquant ainsi à la fois une hausse des prix et du chômage. Cela appauvrit in fine les entreprises et les ménages.

Augmenter le smic

Le second type de mesures consiste à augmenter les salaires dans toutes les branches professionnelles. Cela peut être fait en augmentant le smic, en baissant les cotisations salariales et les impôts sur les revenus ou en supprimant la taxe d'habitation pour certains ménages.
Ces mesures fiscales soutiennent certes le pouvoir d'achat, mais elles ont du mal à étendre la hausse à l'ensemble des ménages car elles ne s'appliquent qu'à certains d'entre eux. Le soutien apporté à la demande globale sera imparfait.
De plus, cherchant à réduire l'écart entre salaire brut et salaire net, ces mesures réduisent les ressources de la protection sociale.
Elles affaiblissent le modèle social et creusent les déficits. Ce qui contraint l'État à diminuer les dépenses publiques, donc à réduire les

services publics, ou à modérer les traitements des fonctionnaires, au risque d'aggraver davantage les inégalités.
C'est pourquoi, il serait beaucoup plus souhaitable d'augmenter la part du revenu du travail dans le partage de la valeur ajoutée afin d'accroître durablement le pouvoir d'achat et l'emploi. L'État pourrait parfaitement, à travers cette politique, influencer la distribution des salaires à partir de la production.

Des salariés plus performants

La valeur ajoutée, richesse créée par l'entreprise, se répartit alors en une part revenant au travail qui est versée par l'entreprise sous forme de salaires et de cotisations sociales, et une autre part, qui lui revient sous forme de profits, qu'elle utilise pour payer ses impôts, pour investir ou verser des dividendes. Or, depuis la fin des années 1980, la part du travail diminue au profit du capital, ce qui ralentit la progression du pouvoir d'achat.
Dès lors, l'État pourrait conditionner les allègements fiscaux et les cotisations sociales patronales à l'augmentation du niveau des rémunérations, afin d'inciter les entreprises à modifier le partage de la valeur ajoutée en faveur des revenus du travail. Il pourrait ainsi réduire les cotisations sociales patronales et les impôts proportionnellement aux augmentations de salaires accordées par les entreprises. Ce qui permettrait d'inciter les entreprises à accroître les rémunérations sans amoindrir leur compétitivité. Elles pourraient ainsi augmenter les salaires sans en supporter entièrement le coût total.
Le niveau de vie des salariés s'améliorerait alors très nettement. Ils seraient plus motivés, plus productifs et en feraient profiter l'entreprise. Celle-ci serait doublement gagnante : grâce à des salariés plus performants et grâce à des carnets de commandes remplis. Cette hausse généralisée des salaires relancerait l'activité économique et l'emploi par son effet multiplicateur sur la demande globale, encourageant ainsi les entreprises à investir sans s'engager dans une concurrence par les salaires.
Malgré la baisse de ses prélèvements, l'État maintiendrait ses recettes fiscales par une économie revivifiée, lui évitant de creuser les déficits et de programmer une baisse des dépenses publiques. Ce qui permettrait de garantir le pouvoir d'achat tout en préservant le modèle social.

Augmenter les salaires pour soutenir davantage le pouvoir d'achat et le niveau de l'emploi, deviendrait alors possible sans amputer la compétitivité des entreprises, à condition que les entreprises s'y engagent réellement et mutuellement.

Pour en savoir plus …

LIVRES

- Qu'est ce que la richesse ? Dominique MEDA, Ed. Alto Aubier 1999.
- La croissance ou le progrès Christian COMELAU. Ed. Seuil 2006.
- C'est maintenant trois ans pour sauver le monde J.M. JANCOVICI, A. GRANDJEAN, Ed. Seuil 2009.
- Peut-on éliminer la pauvreté en France ? Alain LEROUX Ed. Economica 2007.
- Le développement humain Esther DUFLO, Ed. Seuil 2010.
- Le Monde est clos et le désir infini Daniel COHEN Ed. Albin Michel 2015.
- Les inégalités de revenus Marion NAVARRO Ed. Armand Colin 2016.
- Insoutenables inégalités Lucas CHANCEL Ed. Les petits matins 2017.
- Sortir de la croissance ELOI Laurent Ed. Les Liens qui Libèrent 2019.
- Une brève histoire de l'égalité Thomas PIKETTY Ed. Seuil 2021.
- Encore plus, Louis MAURIN Ed. Plon 2021
- De quoi avons-nous vraiment besoin ? Les économistes atterrés Ed. Les Liens qui Libèrent 2021.

SITES INTERNET

-www.economie2000.com
-www.insee.fr
-www.alternatives-economiques.fr
-www.laviedesidees.fr
-www.developpementdurable.com
-https://lewebpedagogique.com/
-https://www.inegalites.fr/

<u>Thème 2</u> :

Le financement de l'activité économique

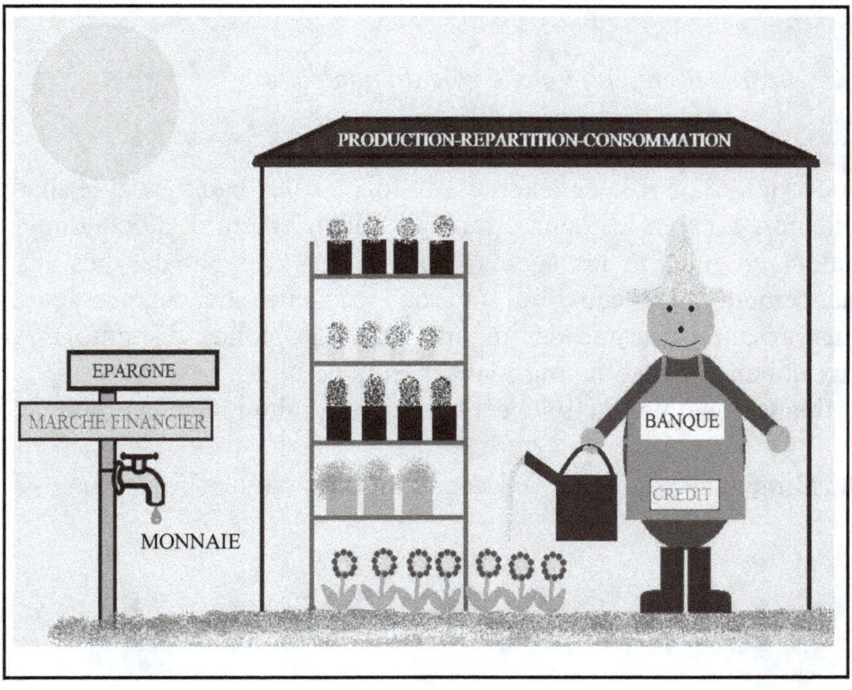

I- La monnaie et ses mécanismes

« La monnaie est une nécessité pour l'activité économique, mais elle est devenue une finalité ».

Les trois moteurs de l'activité économique ont besoin de monnaie pour pouvoir fonctionner.
Comme la fleur a besoin d'eau pour pousser et se développer, l'activité économique a besoin de monnaie.
Elle est le carburant nécessaire à ses trois moteurs. Sans elle, c'est la panne sèche.

Mais alors, qui joue le rôle du pompiste ?

En économie ce rôle est exercé à la fois par les banques et le marché financier. Ce sont les deux circuits de financement de l'économie. Ils mettent en relation les agents économiques qui ont des besoins de financement avec ceux qui ont des capacités de financement, en transformant l'épargne des agents ayant des fonds disponibles vers ceux qui en ont besoin pour réaliser leurs activités.
Le financement de l'activité économique se fait grâce à la monnaie.

Elle alimente les moteurs de l'économie selon divers circuits.

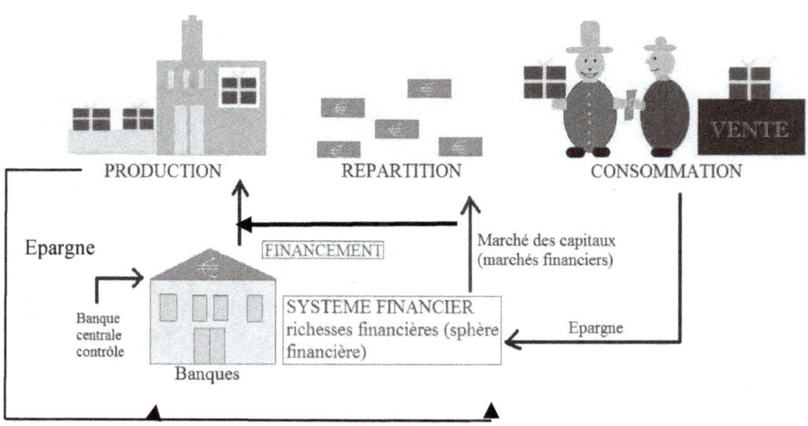

1) La monnaie : ses fonctions et sa mesure

Qu'est-ce que la monnaie ?

La monnaie est un moyen de paiement dont disposent les agents économiques pour régler les transactions. C'est un bien d'échange accepté par tous les agents économiques d'un pays.
Elle constitue un pouvoir d'achat très liquide. La monnaie est ce que l'on en fait.
C'est un bien privé qui fait l'objet d'une demande et d'une offre sur le marché des changes, et donc qui a un prix. En tant que bien privé, elle a les caractéristiques à la fois d'un bien exclusif : *la quantité de monnaie que je détiens m'appartient exclusivement,* et d'un bien rival : *la partie de monnaie que je détiens prive les autres de son usage tant que je ne la dépense pas.*
C'est aussi un bien public. Sa disponibilité, sa circulation et la préservation de sa valeur sont indispensables au bon fonctionnement des échanges. Son usage relève donc de l'intérêt général. En tant que bien collectif, plus il y a d'utilisateurs, plus sa reconnaissance et son acceptation progressent. Et plus elle est acceptée, plus elle devient un instrument d'échange.

La monnaie est ce que l'on en fait. Donc la monnaie se définit à partir de ses fonctions.

Alors quelles sont ses différentes fonctions ?

• Les fonctions de la monnaie

Elle remplit trois fonctions économiques :

Elle est à la fois un *instrument d'échange* : moyen de paiement qui permet d'acquérir n'importe quel bien ou service. C'est un intermédiaire d'échange national et international.
Elle est à la fois, un *instrument de mesure de la valeur* permettant de mesurer la valeur des biens exprimée à partir d'un prix. Donc elle permet de faire des choix comparatifs entre les produits. Pour les économistes classiques et néo-classiques, la monnaie n'est qu'un voile qui permet d'exprimer les prix des biens et de faciliter les échanges.
Elle est à la fois, un *instrument de réserve des valeurs*. Sous forme d'épargne, elle permet de différer la consommation. Elle a le pouvoir d'être conservée et de rester liquide.
Donc la monnaie introduit le temps dans l'échange. Selon la formule de JM Keynes, la monnaie est un « pont entre le présent et le futur ». Keynes s'intéresse essentiellement à la demande de monnaie. Elle est demandée pour le motif de transaction, également pour le motif de précaution et de spéculation.

Elle remplit aussi des fonctions sociétales

Elle est liée à la souveraineté politique. Sa valeur est validée par l'État. En ce sens, elle caractérise le pouvoir politique d'un pays (exemple le dollar devenu une monnaie internationale représente le pouvoir des USA, l'euro celui de l'Europe). Elle est un instrument de la politique économique d'un pays (politique monétaire).
Elle est aussi le ciment social et culturel d'un pays, donc un instrument de cohésion sociale et d'identité nationale (exemple l'euro qui cimente les pays de l'Europe ayant adopté la monnaie unique).

Cependant, pour remplir ses diverses fonctions, la monnaie doit répondre au moins à deux conditions :
La confiance : la valeur de la monnaie doit être acceptée par tous pour échanger. Sa valeur repose ainsi sur la confiance des agents économiques. Elle a de ce fait, une dimension psychologique.
Elle perd de sa valeur à partir du moment où elle fait l'objet d'une défiance des agents économiques.

La stabilité : une monnaie stable garantit et sécurise les échanges (moins de risques) et donc renforce sa confiance.

Quelle forme a-t-elle ?

Elle a différentes formes, qui peu à peu se dématérialisent.

MONNAIE DIVISIONNAIRE	MONNAIE FIDUCIAIRE	MONNAIE SCRIPTURALE	MONNAIE ELECTRONIQUE
Monnaie métallique, pièces (8 pièces d'euros) paiement d'appoint. 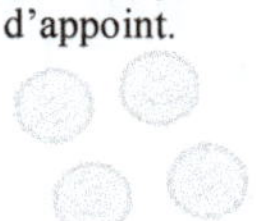	Billets (7 en tout). 	Matérialisée par le chèque. Monnaie écrite créée par les Banques. 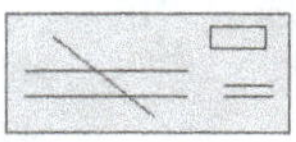	Monnaie magnétique. 

Toutes ces formes de monnaie constituent la Masse -à-dire la quantité de monnaie sous toutes ses formes, mise à la disposition des agents économiques et qui circule entre eux lors de leurs échanges.

- ## Comment et pourquoi mesurer la monnaie ?

Comment mesurer la quantité de monnaie qui circule ?

Les agrégats monétaires (M1, M2, M3), sont des grandeurs monétaires, des indicateurs qui mesurent la quantité de monnaie détenue par les agents économiques non financiers résidents.

LES AGREGATS DE LA MASSE MONETAIRE

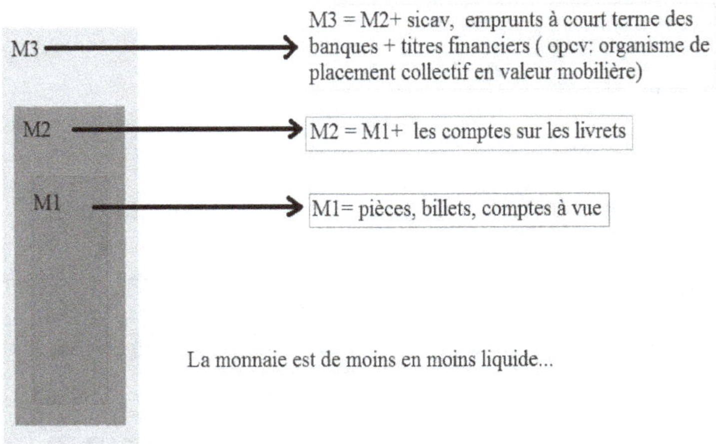

Masse monétaire

Pourquoi mesurer la quantité de monnaie en circulation ?

Pour connaître la capacité de dépense des agents économiques afin d'acheter des biens ou des services, car le niveau de cette dépense est susceptible d'agir sur les prix ou sur l'activité économique.
Pour adapter le niveau de la quantité de la monnaie à celui de la production des biens et services et donc maintenir un niveau de croissance. À une certaine quantité de biens doit correspondre en contrepartie, une certaine quantité de monnaie pour assurer la croissance économique. Pensons ici à la métaphore de *l'eau (monnaie) et de la fleur (l'économie).*
Il faut contrôler le niveau d'eau pour assurer le développement de la fleur. Trop d'eau ou une insuffisance d'eau, pourrait nuire au développement de la fleur, il en est de même pour la monnaie à l'égard de l'activité économique. Trop ou pas assez de monnaie compromet l'activité économique.

2) La monnaie : ses effets sur l'activité économique

La monnaie agit sur l'activité économique de deux façons. Elle agit par sa quantité et par sa qualité c'est-à-dire par sa valeur.

LA MONNAIE AGIT, PAR SA QUANTITE ET SA QUALITE, SUR L'ACTIVITE ECONOMIQUE

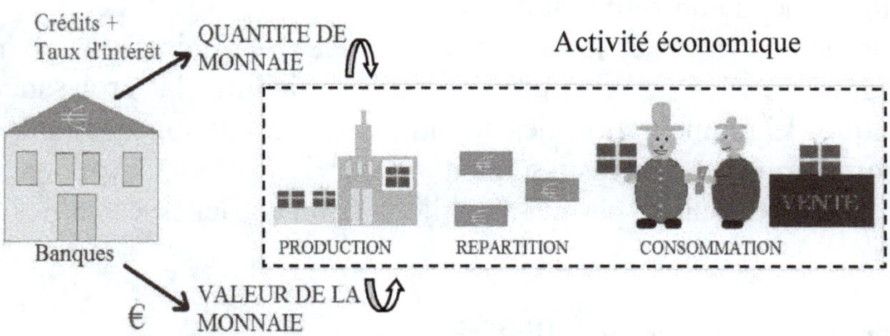

- **La monnaie agit par sa quantité sur l'activité économique**

La variation de la Masse Monétaire influence l'activité économique. Elle agit sur le niveau de la production et sur le niveau des prix.

Elle agit sur le niveau de la production :

Comment ?

Par une baisse des taux d'intérêt…

La monnaie agit sur l'économie réelle par le taux d'intérêt fixé par la Banque Centrale Européenne et par les banques.
Ce taux se fixe à partir de la demande de monnaie (préférence pour la liquidité) qui dépend de trois motifs : *transaction, précaution et spéculation* et de l'offre de monnaie qui dépend des banques (cf. analyse Keynésienne). Si l'offre de monnaie est supérieure à la demande, les taux d'intérêt diminuent.
Lorsque les taux d'intérêt baissent, les agents économiques (ménages, entreprises plus particulièrement les PME) empruntent davantage car le crédit est bon marché. Ils peuvent ainsi financer leurs investissements par le crédit. La quantité de monnaie est plus abondante grâce au crédit. Les moteurs de l'activité économique tournent plus vite, il y a une augmentation de la production, de la répartition et de la consommation.
La croissance est forte et le chômage diminue. Le robinet du crédit ouvert grâce à des taux d'intérêt faibles, facilite la croissance économique. L'augmentation des liquidités en circulation encourage la consommation et l'investissement et par la suite la croissance économique. La monnaie permet ainsi la création de richesses réelles.

… Et par une hausse des taux d'intérêt :

C'est l'inverse, le crédit se raréfie. La masse monétaire diminue car il y a moins de crédits accordés, donc moins de création monétaire. Les agents économiques notamment les PME ont des difficultés à financer leurs investissements. Il y a une diminution de l'activité économique, et l'économie entre dans une récession. Les trois moteurs de l'économie manquent de liquidités pour mieux fonctionner. Toutefois, en période de récession, une baisse des taux d'intérêt ne suffit pas à relancer l'activité économique (cas de la France en 2008/2009). La monnaie est au service de l'économie. Elle n'est pas neutre selon les économistes keynésiens.
Au contraire, les économistes classiques et néoclassiques assurent que la monnaie ne peut pas avoir des effets positifs ou négatifs sur l'économie réelle. Elle est neutre à leurs yeux. Et pourtant, elle affecte l'économie réelle en agissant sur l'investissement et sur le niveau des

prix, donc en agissant sur la demande globale elle impacte la croissance économique.

Elle agit sur le niveau des prix

Comment ?

L'octroi de crédit contribue à créer de la monnaie donc à augmenter la masse monétaire.
Si celle-ci augmente plus vite que la quantité de biens produits (flux réels), il y a un risque inflationniste. En effet, les ménages ayant plus de monnaie auront tendance à accroître leur consommation, ce qui se traduit par une hausse de leur demande sur le marché des biens et services. Cette hausse peut provoquer un déséquilibre entre l'offre et la demande (demande devient supérieure à l'offre), car l'offre ne peut pas répondre immédiatement à la demande, et de ce fait peut provoquer une augmentation des prix. Pour le monétariste libéral Friedman (1912-2006) toute augmentation excessive de la quantité de monnaie par rapport à celle de la production, est source d'inflation.

- **La monnaie agit par sa qualité sur l'activité économique**

La valeur de la monnaie agit sur l'activité économique. L'appréciation ou la dépréciation monétaire, c'est-à-dire la hausse ou la baisse de la valeur de la monnaie, influence le niveau de l'activité économique.

Dans quels cas une monnaie se déprécie et s'apprécie ?

Marché des changes

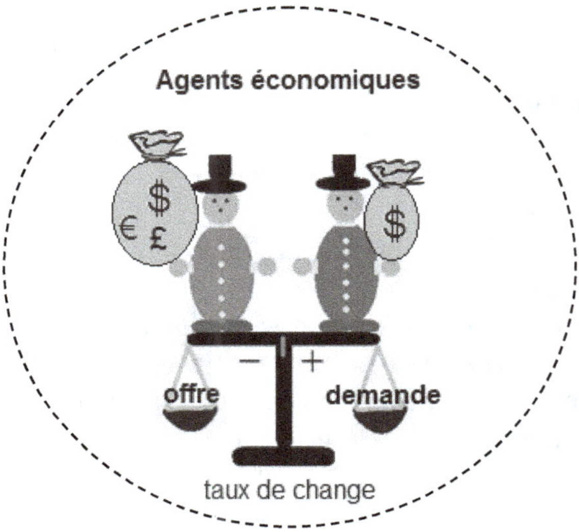

Le marché des changes est un marché virtuel sur lequel s'échangent les devises entre elles, en fonction de l'offre et de la demande de monnaie moyennant un prix : le taux de change.

Une monnaie se déprécie lorsqu'elle est plus offerte que demandée sur le marché des changes.
Et inversement, elle s'apprécie lorsqu'elle est plus demandée qu'offerte sur le marché des changes.

Sa valeur dépend de plusieurs facteurs économiques.

Lesquels ?

L'état du commerce extérieur influence directement le niveau du taux de change de la monnaie (par exemple l'euro). En effet, si la balance

commerciale est déficitaire, c'est-à-dire lorsque les exportations sont inférieures aux importations, les sorties de devises sont supérieures aux entrées de devises. Dans ce cas là, il va falloir offrir des euros pour se procurer des devises afin de payer les importations qui sont devenues plus fortes.
Sur le marché des changes, l'euro sera donc plus offert que demandé, donc selon les mécanismes de l'offre et de la demande, le prix de l'euro (son taux de change) va baisser, car l'offre est supérieure à la demande. La monnaie se déprécie, elle perd de sa valeur à cause de ce déficit commercial. Et inversement, lorsque la balance commerciale est excédentaire, c'est-à-dire lorsque les exportations deviennent supérieures aux importations, la monnaie (euro) s'apprécie, la valeur de l'euro monte puisqu'il est plus demandé qu'offert.

Le niveau des taux d'intérêt et de la fiscalité influencent aussi le taux de change et donc influencent la valeur de la monnaie.
La Banque Centrale Européenne fixe le niveau des taux d'intérêt. Si celui-ci est élevé, cela va attirer des capitaux extérieurs à la recherche de rentabilité plus forte. Ces capitaux étrangers vont être convertis sur le marché des changes. Dans ce cas, l'euro sera demandé sur le marché des changes en contrepartie d'une offre de devises, et si la demande devient plus forte que l'offre, le taux de change de l'euro va monter. L'euro s'apprécie. Et inversement, si le niveau des taux d'intérêt baisse, les capitaux vont sortir du pays pour trouver des rendements meilleurs à l'étranger. Cette sortie provoque une offre d'euros sur le marché des changes en contrepartie d'une demande de devises, car il faut convertir les euros en devises. L'euro étant plus offert que demandé, son taux de change diminue. La monnaie se déprécie sur le marché, elle perd ainsi de sa valeur.
Une baisse de la fiscalité, attire des capitaux étrangers à la recherche de rendements fiscaux et financiers avantageux. Ces capitaux étrangers entrant sur le territoire, se convertissent en euros. Cela va se traduire par une hausse de la demande d'euros sur le marché des changes. L'euro étant demandé, s'apprécie. Et inversement, une fiscalité peu avantageuse se traduit par une fuite de capitaux. En sortant du territoire, ces capitaux en euros se convertissent en devises. Ils provoquent une hausse de l'offre d'euros (vente) afin d'obtenir des devises (demande) et font baisser la valeur de l'euro.

Enfin, la spéculation influence aussi, soit à la hausse ou à la baisse le niveau du taux de change.
Mais tout dépendra de son pouvoir pour anticiper une variation de la monnaie. Les parieurs voulant faire monter le taux de change de l'euro par exemple, devront acheter donc demander des euros sur le marché des changes. Ils feront l'inverse pour anticiper une baisse. Tout dépendra de la confiance qu'ils ont dans la monnaie et des plus values espérées.

Alors quels sont les effets d'une appréciation de la monnaie (monnaie forte) sur l'activité économique ?

Elle réduit le prix des produits importés notamment notre facture pétrolière qui est payée en dollar. Ce qui atténue le déficit extérieur.
De plus, une monnaie forte attire des investissements étrangers. Ces investissements favorisent la croissance économique et l'emploi.
Cependant, une monnaie forte renchérit le prix des produits exportés et pénalise de fait les exportations. Les produits nationaux deviennent moins compétitifs que les produits étrangers Ce qui peut provoquer une aggravation du déficit du commerce extérieur.
En outre, cette baisse des exportations peut freiner la croissance. En effet, si celle-ci est tirée par les exportations (ce fût le cas de la situation de la France avant 2005, les exportations tiraient la croissance grâce à un euro plus faible que le dollar), il suffit d'un ralentissement des exportations pour que la croissance à son tour ralentisse.
Enfin un euro fort s'accompagne dans la plupart des cas de taux d'intérêt élevés. Or, les taux d'intérêt élevés freinent les investissements et pénalisent la croissance et l'emploi.

Alors ne vaudrait-il pas mieux avoir une monnaie faible ?

Une monnaie qui se déprécie peut être avantageuse pour l'activité économique. Elle réduit le prix des exportations, donc atténue le déficit du commerce extérieur car les exportations son dynamisées.

Améliorant la compétitivité prix des entreprises, elle favorise la croissance économique et donc l'emploi. De plus, elle décourage les délocalisations.
Cependant elle a aussi certains inconvénients. Elle rend plus chers les produits importés et réduit le pouvoir d'achat des ménages.

Le bon fonctionnement d'un moteur dépend de la qualité du carburant. Il en est de même en économie, le bon fonctionnement de l'activité économique dépend de la valeur de la monnaie.
Dés lors, on peut se poser la question suivante : vaut-il mieux avoir une monnaie forte ou une monnaie faible ?
Le carburant est distribué par le réseau des stations essence. Quant à la monnaie, elle est distribuée par deux réseaux pour financer l'activité économique.

II- Le système financier et ses différents modes de financement

Il existe deux circuits de financement de l'activité économique. Le circuit avec un intermédiaire : le circuit bancaire ou encore la finance indirecte.
Et le circuit sans intermédiaire : le marché financier ou encore la finance directe.
Ces deux circuits se complètent aujourd'hui, mais la finance directe semble se développer de plus en plus, voire même se globaliser.

1) Le financement indirect : l'intermédiation financière

- **Le mécanisme de ce financement, qualifié de finance indirecte**

Qui assure ce financement ?

L'INTERMEDIATION FINANCIERE

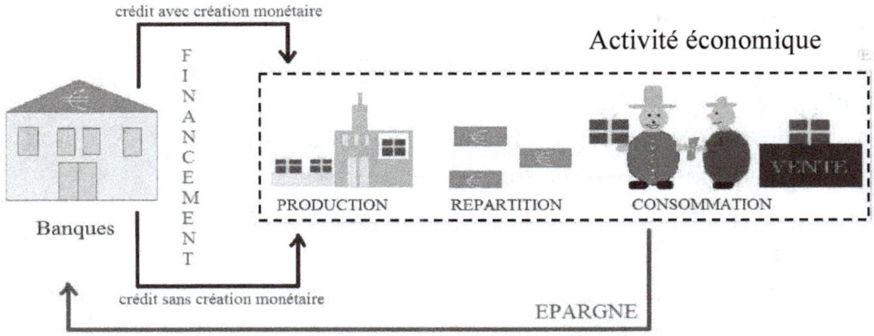

L'activité économique dépend du financement du système financier et plus particulièrement de celui des banques. Les banques assurent une grande partie du financement de l'activité économique. Elles sont les intermédiaires entre les agents économiques ayant des capacités de financement et ceux ayant des besoins de financement. C'est en cherchant à les concilier, qu'elles vont exercer leurs rôles financiers. C'est pourquoi on qualifie ce financement : d'intermédiation financière ou de finance indirecte.

Comment les banques financent-elles l'activité économique ?

Elles financent l'activité économique par les crédits qu'elles accordent aux agents économiques.

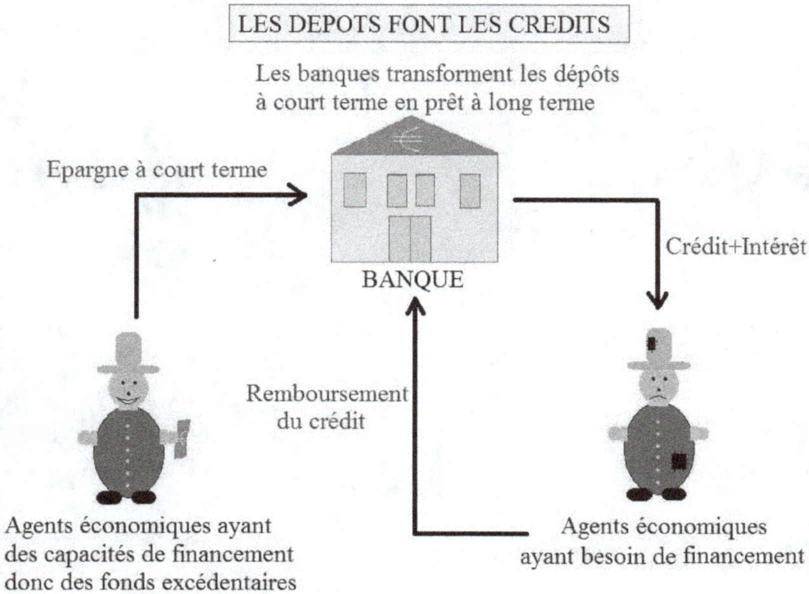

Les banques transforment l'épargne à court terme qu'elles ont collectée, en crédit à moyen terme ou long terme. On peut dire que les dépôts font les crédits.
En transformant de l'épargne à court terme en prêt en moyen ou long terme, elles prennent des risques plus ou moins maîtrisés, sachant que les épargnants ne retireront pas leurs fonds tous en même temps s'ils ont confiance. Si ce n'était pas le cas, les banques seraient dans l'impossibilité de faire face aux retraits et seraient en faillite. Il y aurait une crise de liquidité.
Lorsque les besoins de financement dépassent les capacités de financement, les banques exercent leur deuxième rôle : celui de la création de monnaie.
Les banques ne se contentent pas de recycler ou de transformer des ressources financières qu'elles ont préalablement collectées. Elles vont créer de la monnaie grâce à leurs crédits octroyés aux agents économiques. Elles seules ont ce pouvoir quasi-infini de créer de la monnaie en fonction de la demande des agents économiques qui ont des besoins de financement.

LES CREDITS FONT LES DEPOTS

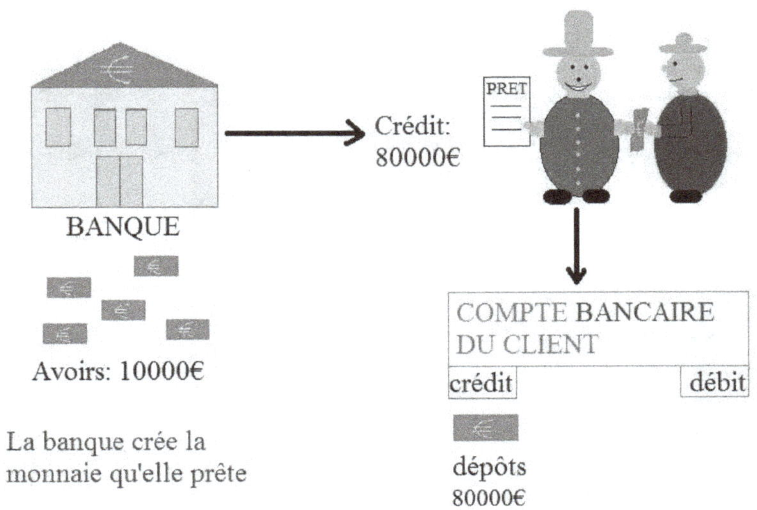

L'octroi de crédit bancaire ne se fait pas toujours sur la base de ressources préexistantes. Les banques prêtent de la monnaie qu'elles ont créée, et comptent sur les remboursements pour prêter de nouveau en plus grande quantité.
Elles prennent ainsi des risques et font des paris sur des projets d'investissements des agents économiques (PME), et anticipent les profits escomptés. Plus les risques sont élevés, plus les intérêts exigés le sont, ainsi que les garanties réelles (hypothèques).
Le crédit accordé devient une monnaie nouvelle qui va enclencher une dépense supplémentaire sous forme d'investissement ou de consommation, qui à son tour va stimuler le moteur de la production et générer de la croissance.
Les banques jouent donc un rôle primordial, car elles fournissent les liquidités nécessaires aux moteurs de l'économie sans l'obligation d'une épargne préalable. Elles créent de la monnaie par le crédit parce que cette création est pour les banques une source de revenus.
Leurs profits dépendent du niveau des taux d'intérêt et de la quantité de crédit accordé. Cette dépendance les rend vulnérables. Des taux d'intérêt faibles, voire des taux zéro, diminuent les profits des banques. C'est pourquoi elles se diversifient vers les produits

d'assurance et de téléphonie. Elles se digitalisent de plus en plus et réduisent leur nombre d'agences.
Depuis la crise financière de 2008, le pouvoir de création monétaire des banques est encadré par la réglementation financière. Leur pouvoir est restreint par la détention de réserves obligatoires auprès de la banque centrale européenne.

• Les effets de l'intermédiation financière

Quels sont les atouts du financement bancaire pour notre économie ?

Il pallie les imperfections du marché financier, parce que les banques ont une meilleure connaissance de la qualité des emprunteurs. Les banques disposent de meilleures informations sur leur situation ou sur leur solvabilité, contrairement au marché financier. Ce qui réduit l'asymétrie de l'information. Avec ce financement, c'est la banque qui prend elle-même les risques à la place de l'épargnant. Ce type de financement permet aussi aux PME ne pouvant accéder au marché financier, de financer leurs investissements.

Quelles sont les limites de ce financement pour notre économie ?

Il accroît la dépendance des agents économiques notamment des entreprises à l'égard des banques. Cette dépendance contraint certains entrepreneurs à renoncer à investir. Ce n'est plus le chef d'entreprise qui décide, c'est la banque. « Je finance donc je commande ».
Il peut provoquer un risque d'excès de liquidités dû à trop de crédits et de risques mal appréciés, pouvant conduire à l'inflation ou à une crise de confiance.

Il peut au contraire, provoquer un manque de liquidité à cause d'un rationnement du crédit (crédit crunch) suite à un refinancement sur le marché monétaire trop coûteux et une crise de confiance interbancaire.

Le financement indirect est indispensable pour que les moteurs de l'économie produisent de la croissance. Le recours au crédit permet aux entreprises de s'affranchir de leur épargne préalable pour réaliser leurs investissements. Ce pouvoir de création monétaire attribué aux banques peut parfois dérégler les moteurs de l'économie en provoquant leur emballement ou leur panne sèche. En effet, depuis la fin des années 80, la libéralisation financière a transféré ce pouvoir bancaire au marché financier, grâce à la titrisation de leurs crédits.
En effet, par ce mécanisme les banques transforment sur le marché financier des crédits bancaires en titres négociables cessibles à des tiers. En les vendant, elles obtiennent des liquidités et transfèrent les risques d'insolvabilité aux tiers. Elles peuvent ainsi distribuer davantage de crédit. La crise des *subprimes* de 2007 à l'origine de la crise financière de 2008, a mis en lumière les risques de l'utilisation de la titrisation des créances immobilières.
Les banques font désormais de plus en plus souvent appel au marché financier pour se procurer des ressources dont elles ont besoin. Comment se caractérise ce deuxième circuit de financement ?

2) Le financement direct : le marché financier

« L'économie est au service de la finance »

Le marché financier draine une partie de l'épargne et permet le financement sans intermédiaire à long terme de l'activité économique. Sur ce marché s'échangent une multitude de titres contre de la monnaie. Depuis la fin des années 80, ce circuit de financement direct s'est fortement développé. La finance s'est « *désintermédiée* » progressivement, c'est pourquoi on parle d'économie de marchés financiers.

De quelle manière ce marché est organisé et quel est son rôle économique ? Mais comment est-on passé d'une économie d'endettement à une économie de marchés financiers ?

• Organisation et rôle du marché financier

Qu'est-ce que le marché financier ?

C'est un marché où s'effectue l'ensemble des opérations financières, c'est le lieu où se confrontent les demandes de capitaux émanant des agents économiques ayant des besoins de financement (entreprises, État), et les offres de capitaux émanant des agents économiques ayant des capacités de financement (entreprises, ménages) moyennant un prix (taux d'intérêt) fixé librement à partir de cette confrontation.

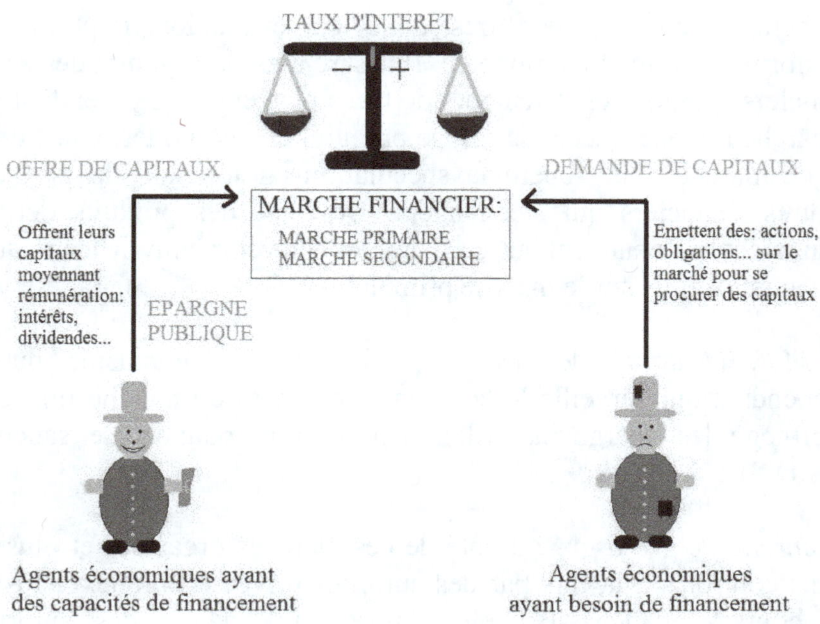

Quelle est son organisation ?

Il repose sur deux marchés qui ont des fonctions financières différentes.

Le marché primaire : est le marché du « neuf », celui des émissions de titres. Il met en relation ceux qui ont des capacités de financement et ceux qui ont des besoins de financement. Cette relation s'effectue par l'intermédiaire des banques et des agents de change. C'est donc sur ce marché que sont émis pour la première fois les titres financiers : actions et obligations (émissions d'actions de la part d'une entreprise, ou émission d'un emprunt par l'État par exemple). Ce marché remplit la fonction de financement de l'activité économique.

Le marché secondaire : est le marché de « l'occasion », celui de l'échange (achat/vente) de titres déjà existants ou déjà émis. Ce marché est représenté par la Bourse. C'est sur ce marché que s'effectue la cotation des titres, donc leur évaluation. Il permet de transformer les titres en monnaie. Il assure ainsi la liquidité des actifs financiers (titres). Les détenteurs de titres peuvent, en les vendant sur le marché boursier (secondaire), se procurer des liquidités. C'est donc sur ce marché que s'opère la spéculation en fonction du prix des produits financiers qui s'échangent. De plus, des produits dérivés (assurances) s'échangent sur ce marché pour venir couvrir les risques des capitaux émis sur le marché primaire.

L'A.M.F. (Autorité des Marchés Financiers) : Organisme public indépendant qui surveille le bon fonctionnement du marché financier et protège les épargnants. Elle dispose d'un pouvoir de sanction (E.A.D.S).

Le marché de gré à gré **:** à côté de ces marchés organisés et plus ou moins contrôlés à la fois par des autorités privées (Euronext : fusion des bourses de Paris-Bruxelles-Amsterdam) et par des autorités publiques (A.M.F.), se sont développés des marchés de gré à gré sur lesquels sont effectuées des transactions entre les opérateurs qui définissent entre eux les conditions de leurs échanges. On les appelle les « *dark pools* ». Ils captent depuis les années 2000 une grande partie des transactions sur valeurs mobilières. Ces marchés sont opaques et surtout très spéculatifs, où les paris portent exclusivement sur les produits dérivés (CDS).

Quel est le rôle du marché financier ?

Il contribue au financement de l'activité économique :

C'est sur le marché financier primaire que les entreprises et l'État trouvent directement les capitaux nécessaires pour financer leurs projets. Les entreprises sociétaires n'ayant pas suffisamment des capacités d'autofinancement, trouvent sur ce marché les capitaux leur permettant de financer leur croissance en émettant des actions. En contrepartie de leurs émissions d'actions, elles reçoivent en échange de la monnaie. Elles peuvent également émettre des emprunts à long terme sous la forme d'obligations, tout comme l'État ou les collectivités locales qui y trouvent les capitaux nécessaires pour financer leur budget.
Les entreprises et l'État sont ainsi des demandeurs (acheteurs de capitaux) à partir d'un prix, ici le taux d'intérêt. C'est ce taux d'intérêt, avec le niveau de risque plus ou moins évalué par les agences de notations, qui va inciter les investisseurs à épargner, et à placer leurs capitaux en fonction de la rentabilité sur le marché.
En l'absence du marché, ces deux agents (offreurs et demandeurs) ne pourraient pas réaliser leurs transactions, ou alors seraient obligés de recourir à l'emprunt bancaire plus long à obtenir, plus faible et plus coûteux. On comprend ainsi la fonction du marché financier pour l'économie. Mais la bourse et la spéculation pourraient détourner les capitaux vers la création de richesses financières plutôt que vers la création de richesses réelles (crise financière de 2008).

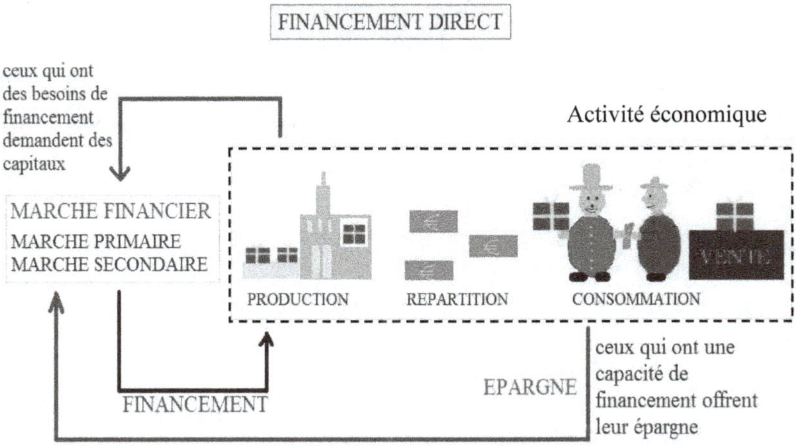

Il assure la liquidité des titres financiers :

Cette fonction s'exerce sur le marché secondaire c'est-à-dire à la Bourse. Le titulaire d'un titre financier (action, obligation...) peut donc à tout moment sur ce marché en cas de besoin ou de recherche d'une plus-value, vendre son titre contre de la monnaie en échange, donc obtenir de la liquidité. Les valeurs mobilières cessibles et transmissibles permettent soit aux investisseurs d'investir dans une entreprise afin d'en retirer un profit et d'en prendre plus ou moins le contrôle (pouvoir des actionnaires dans les grandes entreprises), soit dans une optique de court terme, de pouvoir vendre rapidement en fonction de leurs cours et d'obtenir immédiatement des liquidités en réalisant une plus-value.

Outre cette fonction, le marché financier secondaire permet d'évaluer la valeur ou la performance économique d'une entreprise cotée.
À travers le cours des titres, il exprime la valeur du capital des grandes entreprises, et favorise les opérations de croissance externe : fusions d'entreprises, prise de participation, restructuration. Cette fonction d'évaluation de la performance de l'entreprise par le marché reste toutefois très aléatoire et peu réelle, car le marché n'est pas efficient, et n'exprime jamais la véritable représentation de la situation à cause de la spéculation qui fausse la réalité par l'effet mimétisme des spéculateurs.

C'est un marché qui finalement est devenu complexe par la composition de ses titres, car de nombreux produits y circulent (produits dérivés créés pour gérer les risques), mais aussi par ce que ce marché s'est globalisé à l'échelle planétaire sans la mise en place d'une régulation mondiale.

- **La globalisation financière**

Avec la mondialisation de l'économie, la finance s'est mondialisée depuis la fin des années 80. On est passé d'une économie d'endettement (intermédiée) à une économie de marché financier (désintermédiée).

Comment s'est fait ce passage, et quels en sont les risques ?

On parle d'économie d'endettement car l'économie était financée par le système bancaire. Jusqu'à la fin des années 80, les banques assuraient le financement des activités des agents économiques donc assuraient le financement de l'économie.
Cette économie était caractérisée par un autofinancement faible des entreprises, ce qui les obligeait à recourir au crédit pour financer leurs investissements. Le financement se faisait principalement par le crédit donc par la création de monnaie avec de gros risques inflationnistes.
Ce type de financement se faisait sous le contrôle de la Banque de France, qui pouvait agir sur la quantité de monnaie grâce aux taux de réescompte, aux réserves obligatoires et à l'encadrement du crédit.

Or, les politiques de lutte contre l'inflation pendant ces années là, ont modifié petit à petit le financement de l'activité économique. Plusieurs facteurs ont contribué à ce passage vers une finance directe.
En effet, la hausse des taux d'intérêt pratiqués pour lutter contre l'inflation a favorisé les placements financiers plutôt que

l'investissement. Les déficits budgétaires récurrents devenaient de plus en plus difficiles à être financés par la création de monnaie à cause de l'inflation et de la politique monétaire restrictive de la banque centrale. Il devenait donc indispensable de pouvoir drainer davantage d'épargne grâce au marché financier, afin de financer les déficits sans aggraver l'inflation. Pour mobiliser cette épargne, les gouvernements ont progressivement libéralisé le marché financier afin de faciliter la libre circulation des capitaux entre les pays. Cette libéralisation a conduit à la formation d'un marché financier mondial, globalisé fonctionnant en continu grâce aux nouvelles technologies. Celui-ci s'est fortement développé dès la fin des années 80 et s'est mondialisé.

On parle d'économie de marchés financiers, parce que l'activité économique est financée directement par l'épargne qui circule librement entre tous les pays, à la recherche des meilleurs rendements. Cette économie est caractérisée par la libéralisation de la finance par l'application de la règle des **3 « D »** (Henri Bourguinat) :

Le Décloisonnement : c'est la déspécialisation des opérateurs financiers (banques de dépôts et d'affaires), et la fin de la séparation des trois marchés (monétaire, financier, change) pour en faire un marché global et mondial. Toutes les places financières sont interconnectées.
La Déréglementation financière : suppression de la réglementation qui limitait la liberté des transactions financières (encadrement du crédit ou des taux administrés/bonifiés qui favorisaient certaines activités), suppression du contrôle des changes. La libre circulation des capitaux devient la règle, c'est-à-dire que tout agent peut accéder à n'importe quelle place financière dans le monde par internet, et passer d'un titre à un autre, d'un procédé de couverture à un autre, en euros puis en dollars.
La Désintermédiation financière : marque la fin de l'intermédiation bancaire. C'est le marché financier qui prévaut.

Désormais les capitaux circulent librement entre tous les pays selon les principes du libre échange. L'État a perdu le contrôle sur la finance. La loi du marché devient la règle. Cette perte de contrôle est encore plus forte pour les pays de la zone euro. En effet, depuis l'euro, tous ces pays notamment la France, n'ont plus la souveraineté

monétaire. Leur politique monétaire est conduite par la Banque Centrale Européenne.
La globalisation financière est liée à la mondialisation de l'économie. Les échanges commerciaux ont durant des siècles reliés les États entre eux, et se sont mondialisés provoquant un renforcement de l'intensité concurrentielle entre les pays. Cette concurrence de plus en plus vive, a poussé les États à investir de plus en plus à l'étranger, à délocaliser une partie de leur industrie, à fragmenter leur processus de production à l'échelle planétaire (Adidas, Nike, Mattel, la téléphonie mobile par exemple), afin de réaliser des gains de productivité et donc d'être plus concurrentiels. Des liens de production se sont donc formés entre les différents pays et la production s'est mondialisée aussi.
Ces investissements ont mobilisé des capitaux importants, et ont développé les transactions financières au niveau mondial. Le processus de globalisation a franchi un pas supplémentaire avec la mondialisation de la finance qui a conduit à l'émergence d'un marché financier unifié à l'échelle planétaire. Cette intégration financière marquée par la règle des trois « D », est également caractérisée par les trois « **U** » : unité de temps (les marchés fonctionnent 24 heures sur 24), unité de lieu (les places sont interconnectées), unité d'action (fonctionnement en temps réel).

Quels sont les facteurs qui définissent la globalisation financière ?

Cinq facteurs caractérisent la globalisation financière :

Le facteur temps **:** le court terme prime sur le long terme ce qui est contradictoire avec les besoins de l'économie réelle. (La meilleure protection contre le risque est la liquidité), donc cette dérive court-termiste renforce le pouvoir des actionnaires (share holders).
Le facteur économique **:** Pour mobiliser l'épargne il faut de la rentabilité élevée donc des taux d'intérêt forts. Les pays cherchent à attirer les capitaux étrangers.

Le facteur institutionnel : Pour que cette épargne attirée par les rendements puisse se mobiliser, elle doit pouvoir circuler librement. Il faut donc libérer le marché et élargir son espace. La règle des trois D a renforcé le pouvoir des marchés.

Le facteur psychologique (cupidité) : Ce pouvoir des marchés a contribué au développement de la spéculation et des anticipations sur les valeurs des actifs (économie casino, bulles, Hedge Funds…) et a donné naissance à la « Finance casino » celle des parieurs.

Le facteur financier : Cette finance casino fait courir de gros risques, donc il a fallu innover pour réduire ces risques. Création des produits dérivés (assurance), essor de la titrisation (transformation d'une créance en actif financier et donc transfert du risque à l'acheteur), apparition de la « *Finance Frankenstein* ».

Ces cinq facteurs qui caractérisent les mécanismes de la globalisation financière étaient porteurs des germes de la crise financière de 2008.

Quels sont les risques de cette globalisation financière ?

La globalisation financière a favorisé le développement des placements financiers au détriment des investissements productifs.
Ce qui a pour effet de freiner la croissance économique et de ralentir la transition énergétique substituant le court terme au long terme.
La spéculation mondiale s'est fortement accrue, détournant ainsi une grande partie de la finance de l'économie réelle.
Les États ont perdu leur pouvoir de régulation monétaire et sont soumis aux investisseurs financiers à cause de la forte mobilité des capitaux. Leur politique économique est sous le contrôle des marchés. C'est le cas de l'U.E. et de la France avec les dettes publiques. L'économie est finalement au service de la finance.
Elle est à l'origine des crises financières pouvant se propager par effet domino à l'ensemble de la planète (crise des Subprimes en 2008 par exemple) car l'économie est devenue globale.

Depuis la fin des années 80, on assiste à une financiarisation de l'économie. En effet, le système financier s'est fortement développé et mondialisé.
Un tel essor présente certains risques qui ont provoqué des crises financières (1997/1998 en Asie du sud Est et 2007/2008 la crise des « subprimes » crédits hypothécaires).
Lorsque la sphère financière de plus en plus virtuelle, régulée par les marchés s'accroît trop vite par rapport à la sphère réelle, les risques d'effondrement des cours sont grands.

Alors dans ce cas, l'État devrait-il contrôler, réguler l'économie, si oui, comment ? Sinon le marché peut-il être encore un meilleur régulateur ? Mais qu'est-ce que la régulation de l'économie ?

Tribune économique : réflexion-débat

Interview fictive : la monnaie un sujet controversé : neutre ou active ?

Les économistes orthodoxes « libéraux » (Ricardo, Friedman…).

- Existe–il une relation entre la monnaie et l'activité économique ?

Les libéraux : Non, car la monnaie n'est qu'un voile, un intermédiaire d'échanges.
Elle est neutre. Elle ne sert qu'à acheter des produits.
Elle n'a pas d'effet sur l'économie réelle donc sur l'activité économique.

-Et pourtant la monnaie, c'est comme « l'eau et la fleur ». Si on arrose trop la fleur, elle meurt, et si on ne l'arrose pas suffisamment, elle meurt aussi. La monnaie ne serait-elle pas finalement comme l'eau, et dans ce cas elle agirait bien sur l'économie ?

Les libéraux : Non, la quantité de monnaie n'a pas d'effet direct sur l'activité économique, sur la quantité de biens et de services. Elle n'a aucune incidence sur la production. Par contre, elle a une incidence sur le niveau des prix.
Plus la quantité de monnaie en circulation augmente, plus les prix s'élèvent. Seule l'essor de la quantité de monnaie génère de l'inflation. L'inflation n'est qu'un phénomène monétaire. Donc la monnaie, agit sur le niveau des prix, et non sur celui des biens. Dans ce cas on peut dire c'est seulement par le niveau des prix que la monnaie va agir indirectement sur le niveau de la production.

J.M. Keynes :

- Existe–il une relation entre la monnaie et l'activité économique ?

J.M. Keynes : Oui, la monnaie agit sur l'activité économique. Elle est active car c'est elle qui finance les investissements et de fait la production.
De plus elle contribue à la distribution des revenus qui sont de nature numéraire.
La monnaie stimule la croissance économique grâce au crédit accordé par les banques. Elles contrôlent l'offre de monnaie et peuvent ainsi par leurs taux d'intérêt réguler la quantité de monnaie mise en circulation.

-La monnaie peut-elle être demandée pour elle-même ?

J.M. Keynes : Oui, car elle n'est seulement un moyen d'échange comme l'affirment les économistes libéraux et les monétaristes. Elle peut être demandée à des fins spéculatives. En période d'incertitude, les agents économiques préfèrent la liquidité. Ils placent plutôt que d'investir car c'est plus rentable à court terme. Et en plus on peut transformer immédiatement un titre financier en monnaie contrairement à un investissement.
Il y a une déconnexion de la sphère réelle de la sphère financière et la création de bulles financières. La monnaie permet de s'enrichir sans créer de la richesse réelle.

Pour en savoir plus…

LIVRES

- Les théories de la monnaie, Anne Lavigne et Jean Paul Pollin coll. Repères Ed. La découverte.
- La monnaie et ses mécanismes, Monique Bézoard coll. Repères Ed. La découverte.
- Macroéconomie financière, Michel Aglietta coll. Repères Ed. La découverte.
- L'économie de A à Z, Denis Clerc, Alternatives économiques n°40.
- Monnaie et financement de l'économie, M. Delaplace. Ed. Dunod 2009

SITES INTERNET

- www.economie2000.com

- www.insee.fr

- www.alternatives-economiques.fr

-http://dessinemoileco.com

Thème 3 :

La régulation de l'activité économique.

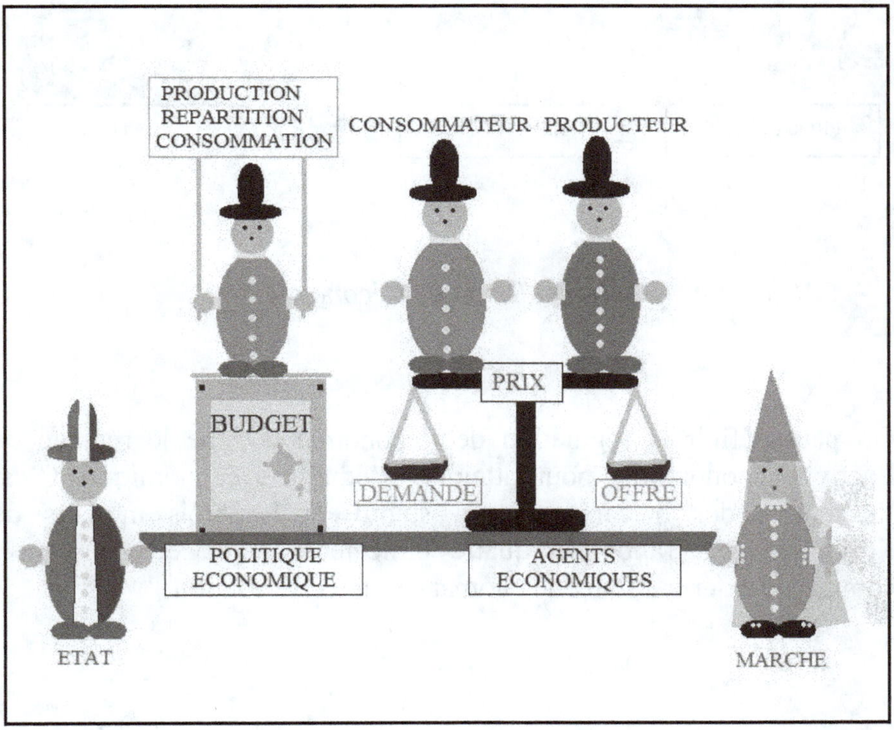

Les trois moteurs de notre économie parfois se dérèglent et peuvent tomber en panne. Très souvent il faut effectuer leur réglage.

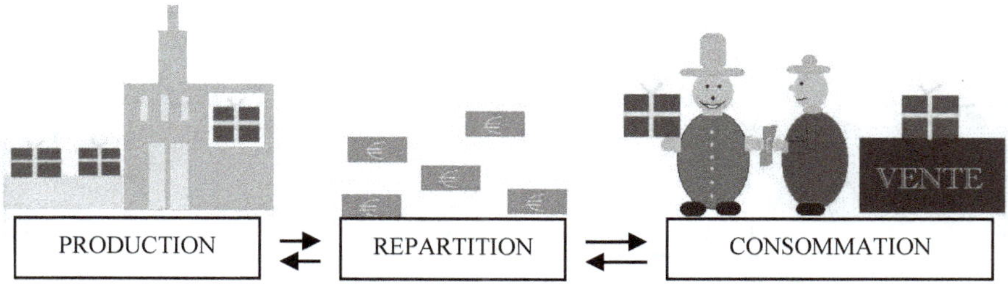

Qu'est-ce que la régulation de l'économie ?

On peut définir la régulation de l'économie comme le réglage de l'activité économique pour atteindre l'équilibre économique. C'est l'ensemble des mécanismes qui stabilisent les trois moteurs de l'économie par rapport à quatre indicateurs : taux de croissance, commerce extérieur, taux de chômage et taux d'inflation.

Et, qui peut faire ce réglage de l'activité économique ?

L'État et le Marché (*main invisible*).

Pour les économistes libéraux, ces trois moteurs s'autorégulent par la main invisible : le *Marché*. Les déséquilibres ne sont pas durables, ils finissent finalement par se corriger eux-mêmes grâce à la concurrence et à la flexibilité des prix. Mais la réalité économique nous démontre que cette régulation par le marché n'est pas suffisante, voire inefficace et reste purement théorique.

La crise financière de 2008, et la crise sanitaire liée au Covid-19 de 2020 en sont la démonstration. Sans l'intervention de l'État les systèmes financiers et bancaires auraient disparu, et sans l'intervention de l'État avec le « *quoi qu'il en coûte* », l'économie française se serait effondrée entièrement, entraînant avec elle une multitude de faillites et une explosion du chômage et des inégalités en 2019/2021 à cause de la crise sanitaire.
D'où l'intervention de l'État pour régler les moteurs de notre économie.
Pour les économistes Keynésiens, l'État doit intervenir dans les domaines économiques et sociaux. Cette intervention se fait par la politique économique.

I- La régulation par l'État à travers sa politique économique

« Faut-il plus ou moins d'État ? »

1) Les différentes conceptions théoriques de cette intervention

- **Selon la conception libérale : théorie « classique » et « néoclassique »**

Adam Smith (1723-1790) Explique le fonctionnement de l'économie à partir des lois naturelles (celles du marché) et de l'initiative individuelle (intérêt individuel prime sur l'intérêt général) et donc condamne l'intervention de l'État en économie.

Milton Friedman (1912-2006) est un économiste américain, prix Nobel d'économie en 1976. Il a été à l'origine du courant monétariste. Il a été aussi un fervent défenseur du libéralisme. Dans capitalisme et liberté, il explique la nécessité du désengagement de l'État de l'économie pour laisser faire le marché. Sa doctrine libérale a été le fondement des politiques économiques libérales de M. Reagan et Mme Thatcher durant les années 80.

L'État exerce un rôle de gendarme.
Il n'intervient pas directement en économie.
Il veille au bon fonctionnement de l'activité économique selon les lois du marché et assure les fonctions régaliennes.

- ## Selon la conception Keynésienne :

J.M. KEYNES (5 juin 1883 - 21 avril 1946) est un économiste britannique de notoriété mondiale, reconnu comme le fondateur de la macroéconomie et du rôle majeur de la demande et de l'intervention de l'État.

L'État exerce trois fonctions principales dans l'activité économique selon R. Musgrave (1989).

Une *fonction d'allocation des ressources* : La fonction d'allocation des ressources permet à l'État d'influencer la répartition des facteurs de production (capital et travail), donc d'influencer la production des biens et services, soit en modifiant l'activité économique, soit en l'exerçant. Donc, la fonction d'allocation des ressources a pour finalité de réduire les externalités négatives grâce à des taxes, de modifier la production des entreprises en accordant des subventions. L'État produit lui-même les services dans l'intérêt général (services publics). Il contribue directement ou indirectement à l'innovation.

Il devient État entrepreneur au même titre que l'entrepreneur selon Schumpeter.
Une *fonction de redistribution* : il est « redistributeur » de richesses grâce aux prélèvements obligatoires effectués sur les agents économiques (cotisations sociales, impôts), et grâce aux dépenses sociales et publiques versées aux agents économiques (prestations sociales…) et devient ainsi État Providence. La finalité de cette fonction est de réduire les inégalités.

Et une *fonction de régulation* : l'État stabilisateur règle l'activité économique, corrige les déséquilibres comme l'inflation, le chômage, le déficit du commerce extérieur, et la baisse de la croissance. Il pallie les défaillances du marché. (Asymétrie de l'information).

Ses trois fonctions sont mises en œuvre grâce à des politiques économiques conjoncturelles et structurelles.

2) Une intervention mise en œuvre par des politiques économiques conjoncturelles et structurelles

- ### Définition et objectifs de la politique économique

Qu'est-ce que la politique économique ?

La politique économique est l'ensemble des décisions ou mesures prises par les pouvoirs publics (Gouvernement) pour orienter, influencer l'activité économique en vue d'atteindre certains objectifs.

Ces objectifs peuvent être des objectifs économiques à court terme ou à long terme, mais aussi des objectifs sociaux.

Quels sont ces objectifs ?

Ces objectifs économiques peuvent être des objectifs conjoncturels affectant les grands équilibres macroéconomiques à court terme : chômage, croissance, inflation, situation extérieure. Ils peuvent être des objectifs structurels à long terme, comme la réduction du réchauffement climatique, la transition énergétique.
Ces objectifs peuvent être aussi des objectifs sociaux affectant le bien être individuel et collectif, comme la gratuité de l'éducation, l'accès à la santé pour tous, la retraite garantie.

- **Les différentes formes de la politique économique et ses instruments**

Quelles sont les différentes formes de la politique économique ?

La politique économique se compose d'une dimension conjoncturelle et d'une dimension structurelle.

La politique conjoncturelle vise à agir sur les déséquilibres de la situation économique à court terme à l'aide de l'instrument budgétaire (baisse des impôts, augmentation des dépenses publiques, exonérations des cotisations sociales patronales par exemple). Elle recherche à orienter l'activité économique vers le carré magique (Nicolas KALDOR) résumant la situation conjoncturelle d'un pays à partir de quatre indicateurs : le taux de croissance du PIB, le taux d'inflation, le taux de chômage et le solde de la balance des transactions courantes en % du PIB (commerce extérieur). Ces quatre indicateurs constituent les quatre côtés d'un carré. Ils correspondent aux quatre objectifs économiques fondamentaux de la politique économique conjoncturelle.

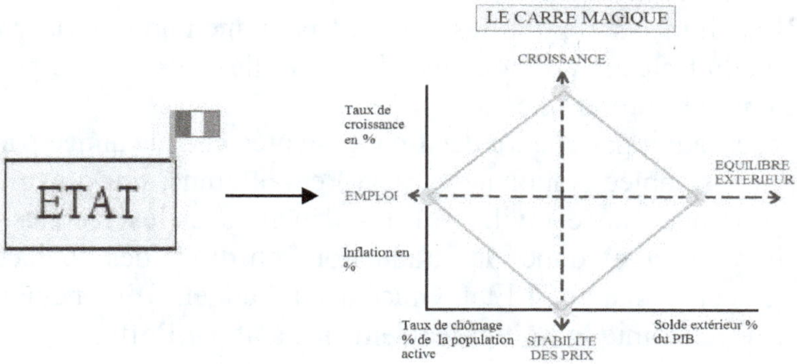

La politique structurelle, est une action de l'État à long terme, visant à modifier durablement l'organisation ou le fonctionnement de l'activité économique (comme la politique industrielle, la politique de la recherche et de l'innovation, politique de la concurrence, politique d'éducation et de la santé, la flexibilité du marché du travail, transition énergétique, réforme des retraites…).

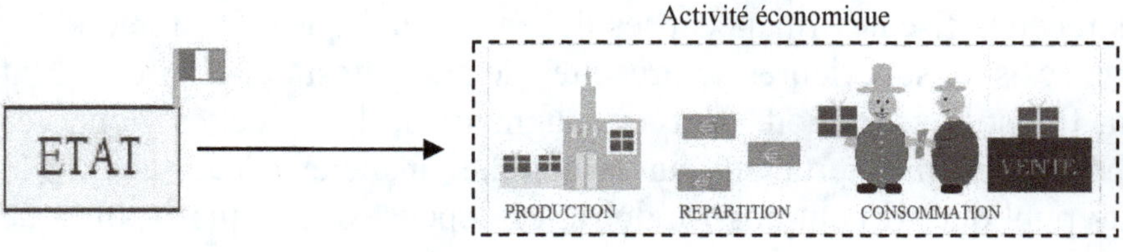

Ces différentes formes de la politique économique interagissent. La frontière est floue entre politique économique conjoncturelle et structurelle. Cependant, la différence reste pertinente, car elle va déterminer les moyens mis en œuvre par l'État pour réaliser ses objectifs.

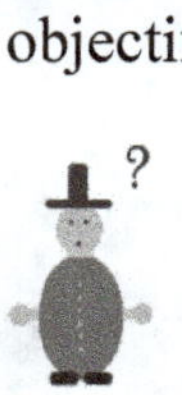

Avec quel instrument l'État peut-il mettre en œuvre sa politique économique ?

La politique budgétaire constitue le principal levier de la politique économique de l'État.
En effet, le budget de l'État est le seul instrument avec lequel il peut mettre en œuvre sa politique économique. Depuis son adhésion à l'euro, l'État français comme les dix huit pays membres de la zone euro, ne conduit plus la politique monétaire. Celle-ci est menée par la Banque Centrale Européenne.
Le budget se traduit par une loi des finances votée chaque année par le Parlement (Assemblée Nationale + Sénat) en automne, qui prévoit et autorise pour une année civile n+1 les dépenses et les recettes de l'État. Il représente donc la traduction chiffrée des objectifs économiques et sociaux de l'État. Grâce à son budget, l'État peut agir sur l'activité économique, soit par la demande soit par l'offre.

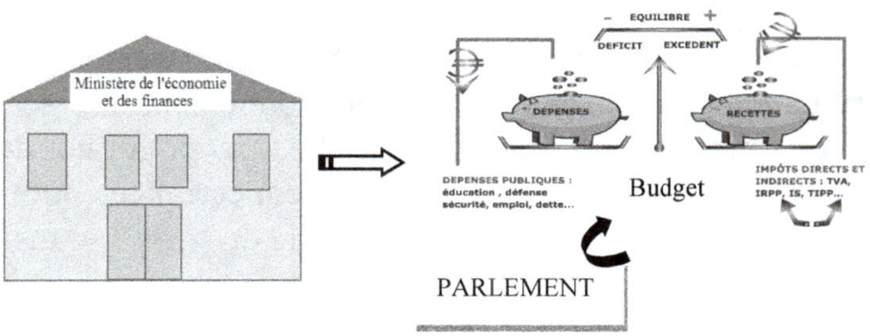

Les recettes fiscales financent les dépenses publiques. Or, lorsque les dépenses sont supérieures aux recettes, le budget est déficitaire. L'État doit financer le déficit, soit en augmentant les recettes donc les impôts, soit en empruntant sur le marché financier ce qui accroît la dette publique. Il peut aussi réduire les dépenses publiques (politique de rigueur).
Lorsque les recettes sont supérieures aux dépenses, le budget est excédentaire. Et, lorsque les recettes sont égales aux dépenses, le budget est en équilibre.

Quelles sont les différentes politiques budgétaires ?

Lorsque la machine économique est en panne ou en surchauffe à cause d'un déficit budgétaire trop important alourdissant la dette publique, il existe deux types de politiques économiques : la politique de relance et la politique de rigueur souvent appelée politique d'austérité.

? *Qu'est-ce qu'une politique de relance ? Et quand est-elle choisie ?*

La politique de relance est choisie lorsque l'économie est en panne donc en récession.
Il y a deux façons de redonner du tonus à l'activité économique. Soit l'État relance par la demande, soit il relance par l'offre.
La première consiste à stimuler l'activité économique en donnant plus de pouvoir d'achat aux ménages afin qu'ils consomment davantage. Pour cela l'État peut augmenter le SMIC, les prestations sociales et les minimas sociaux. Il peut aussi baisser la TVA sur les produits de première nécessité, réduire les impôts des ménages ou encore défiscaliser les heures supplémentaires. De plus il peut aussi, augmenter les dépenses publiques (investissements publics, augmentation du nombre de fonctionnaires) afin d'offrir davantage de débouchés aux entreprises. Selon la théorie Keynésienne, cette politique de relance de la demande doit permettre de dynamiser l'activité, de développer les emplois ou du moins de les sauver et d'enclencher la reprise économique. Politique qui a été mise en œuvre en France à travers les plans de relance de 1982, de 2008 pour sortir de la récession liée à la crise financière et de 2020 soit plus de 100 milliards d'euros pour sortir de la crise sanitaire.
Ces politiques de relance par la demande, comportent toutefois certains risques. Elles augmentent le déficit budgétaire et avec lui la dette publique. Elles provoquent un risque d'éviction sur le marché financier car l'État capte une partie des capitaux pour financer son déficit, ce qui accroît les taux d'intérêt et réduit le financement des investissements des entreprises, pénalisant ainsi la croissance et l'emploi.
Cependant, ces politiques, relancent l'activité économique grâce à la demande remplissant les carnets de commandes des entreprises. De plus, l'effet multiplicateur de l'investissement public, facilite la reprise économique donc le retour de la croissance, et avec elle la

création d'emplois. Elles permettent aussi de réduire les inégalités sociales, et d'accroître le pouvoir d'achat des ménages. Enfin, elles améliorent la qualité des services publics (école, santé, sécurité…). Toute augmentation des dépenses publiques entraine une hausse du PIB.
Quant à la deuxième, dîtes politique de l'offre, elle consiste à faciliter la vie des entreprises, en diminuant les impôts des entreprises ou en allégeant leurs charges sociales ou encore en leur octroyant des aides et des prêts à taux zéro garantis par l'État. Cette politique cherche à favoriser l'offre en s'inspirant de la courbe de Laffer.

LAFFER : économiste contemporain démontrant par une courbe que les recettes fiscales diminuent à partir d'un certain seuil d'imposition, au-delà de ce seuil, la fiscalité décourage l'esprit d'entreprendre et la croissance, car le surplus produit est confisqué par l'impôt.

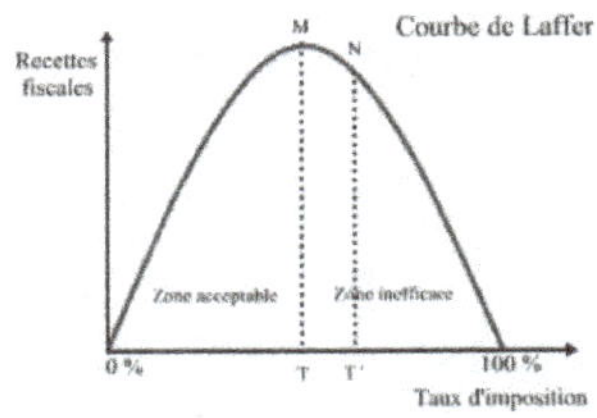

Cela se traduit par un désengagement progressif de l'État de la vie économique. (Politiques dites libérales : Politique de Reagan aux USA, de Thatcher en Grande Bretagne durant les années 80 et en France à partir de 2007…2021 …).
Ces politiques permettent aux entreprises de restaurer leurs marges, de gonfler leurs profits et d'améliorer leur compétitivité. Grâce à leurs profits, elles peuvent davantage financer leurs investissements et leurs innovations. *« Les profits d'aujourd'hui, sont les investissements de demain et les emplois d'après demain »* théorème de Schmidt.
Néanmoins, ces baisses d'impôts aggravent les inégalités, accentuent la précarité. Elles réduisent les services publics et nuisent à leur efficacité. De plus, les baisses d'impôts n'ont jamais permis de créer une croissance économique durable. Elles creusent davantage le déficit public et alourdissent la dette publique.

En réalité les gouvernements mènent souvent les deux politiques à la fois. En France depuis 2007, ils privilégient toutefois davantage la politique de l'offre plutôt que celle de la demande.

Qu'est-ce qu'une politique de rigueur ou d'austérité ?

La politique de rigueur ou d'austérité est une politique budgétaire qui se donne pour objectif de réduire les dépenses publiques afin de diminuer le déficit budgétaire et la dette publique.
Les derniers plans s'affichant comme des politiques de rigueur ont été mis en œuvre au sein de l'Europe en 2010 par l'ensemble des pays de la zone euro à la suite de l'explosion des dettes publiques liées à la crise financière de 2008 et à la spéculation sur l'euro en 2010 mettant en difficulté certains pays européens comme par exemple : la Grèce, l'Irlande.
Le plan de rigueur budgétaire pour la France en 2010 s'élevait à 45 milliards d'euros de réduction des dépenses publiques sur trois ans, celui de l'Allemagne à 80 milliards d'euros sur quatre ans. La dette publique dîtes « Covid » pourrait après la pandémie, inciter les pouvoirs Publics à se lancer de nouveau dans une réduction des dépenses publiques.

Quels sont les effets d'une telle politique économique ?

Elle contribue à la diminution de la dette publique. Elle permet un retour progressif vers un déficit à 3% du PIB, conformément aux critères de convergence de l'euro. En affaiblissant l'effet d'éviction sur le marché financier, elle fait donc baisser les taux d'intérêt puisque l'État est censé emprunter moins. Enfin, elle redonne confiance aux investisseurs financiers en leur laissant présager qu'aucune augmentation d'impôt supplémentaire n'aura lieu dans l'avenir.
Cependant, cette baisse des dépenses publiques ralentit la croissance par son effet démultiplicateur. Or, moins de croissance, c'est aussi moins de rentrées fiscales, ce qui conduit de nouveau à baisser les dépenses publiques et donc à enclencher l'engrenage d'une nouvelle baisse des dépenses publiques et d'une baisse de la croissance économique s'accompagnant d'une hausse du chômage. En outre, cette diminution des dépenses publiques fragilise les services publics notamment la recherche, la santé et l'éducation, au risque d'aggraver

les inégalités ainsi que la situation des hôpitaux fortement éprouvée par les restrictions budgétaires depuis plus de 20 ans en France.

On peut s'interroger sur l'efficacité de la politique budgétaire, qu'elle soit une politique de relance ou de rigueur.
La politique de relance se heurte à la contrainte européenne, qui impose aux États européens de la zone euro à travers le Pacte de Stabilité de Croissance : un seuil de déficit budgétaire ne pouvant dépasser 3% du PIB et une dette publique limitée à 60% du PIB.
De plus les critères de convergence de l'euro en imposant une harmonisation des politiques économiques des pays membres de l'union monétaire, réduisent les marges de manœuvre de chaque État membre. L'efficacité d'une politique de relance dépend d'une coordination collective et d'une coopération de tous les pays européens. Ce qui malheureusement n'est pas le cas.
Tant que la politique budgétaire, relevant des États membres, cohabitera avec une politique monétaire unique menée par une autorité monétaire indépendante, l'instrument budgétaire restera toujours limité. C'est pourquoi la question d'une gouvernance économique européenne reste toujours posée.
Le débat autour de la régulation de l'économie par l'État s'avère toujours passionné.
Faut-il plus ou moins d'État ? Les doctrines s'affrontent toujours sur ce sujet.
La période allant de 1945 à la fin des années70, a été marquée par un interventionnisme de l'État en économie aussi bien dans les domaines économiques que sociaux (période de reconstruction d'après guerre et période des trente glorieuses).
Au cours des années 80, l'intervention de l'État a été jugée néfaste provoquant de nombreux déficits sociaux (déficit budgétaire, déficit de la sécurité sociale…) et des rigidités sociales.
Le discours libéral porte sur le désengagement des Pouvoirs Publics et sur la réduction de la pression fiscale (politique de Mme Thatcher, politique de Ronald Reegan).
Depuis 20 ans, les gouvernements ont donc réduit les recettes publiques tout en maintenant des dépenses publiques soutenues, ce qui a entraîné d'importants déficits budgétaires. Cette accumulation régulière des déficits publics atteint depuis 2008 (période de crise financière et de récession) des niveaux très élevés, et alourdit la dette publique à chaque choc conjoncturel (pandémie de 2020).

Faut-il pour autant pour réduire la dette publique, diminuer sévèrement les dépenses publiques sans augmenter les recettes fiscales ?

Ne serait-ce pas là, un moyen détourné de diminuer l'intervention de l'État au profit du Marché ? La régulation de l'économie par le Marché serait-elle alors plus efficace ?

Tribune économique : réflexion-débat

Le coronavirus a fait resurgir certains vices de notre économie !

Le coronavirus a mis au grand jour certains vices de notre économie. En effet, l'impact économique de la crise pandémique a révélé les limites des différentes stratégies économiques néolibérales mises en œuvre depuis plus de vingt ans dans notre pays et dans les pays de l'O.C.D.E.

La théorie des avantages comparatifs, fondée sur la doctrine du libre échange, a poussé l'économie française à se spécialiser dans les productions jugées les plus rentables, et à importer celles qui le sont moins. Ce choix stratégique industriel a rendu notre système économique fortement dépendant à l'égard de certains biens fabriqués par la Chine et par l'Inde, notamment les médicaments.

Au nom de la rentabilité à court terme, notre économie s'est ainsi progressivement orientée dans le commerce international à flux tendus, préférant importer et préférant aussi faire faire, plutôt que faire. Cette stratégie des flux tendus, remplaçant celle du stockage et encourageant les délocalisations, a laissé notre dispositif sanitaire dépourvu en masques, en tests, en blouses et en appareils respiratoires.

A ces choix stratégiques internationaux, s'ajoute celui du choix de la réduction des dépenses publiques et des impôts appliquée par nos gouvernements successifs. Cette réduction des moyens dans les services publics et plus particulièrement dans les hôpitaux, a contribué à l'affaiblissement de notre système de santé, le rendant ainsi très vulnérable face aux risques sanitaires de grande envergure. Malgré cette dégradation, grâce à l'engagement sans relâche des personnels soignants, il a pu toutefois contenir l'épidémie. L'engagement exemplaire de ces personnels, a démontré à la population, que la santé a été trop longtemps considérée comme un coût que l'on peut réduire au même titre que celui d'un produit.

Leur engagement a prouvé aussi, qu'avec moins d'impôts, les hôpitaux ont donc moins de moyens médicaux pour sauver des vies en période de crise sanitaire grave.

Il a fallu vivre une crise pandémique pour percevoir ces vices économiques nuisibles à notre dispositif sanitaire. C'est pourquoi

notre système de santé, ne doit plus être géré selon un mode de gouvernance managériale préférant l'efficience à l'efficacité des soins. Il doit désormais être administré selon un mode de gouvernance médicale dans laquelle le soin retrouve toute sa dimension humaine.
A côté de ces vices économiques, la crise du coronavirus a fait apparaître d'autres vices. Elle a mis en lumière des métiers qui sont restés trop longtemps dans l'ombre tels que : les soignants, les éboueurs, les livreurs, les caissières des supermarchés, les personnels des Ephad, les agriculteurs locaux et les chercheurs, que notre économie reconnaît et rémunère si mal. Tous ces métiers qui étaient hier invisibles, font aujourd'hui, l'objet dans l'opinion publique d'une reconnaissance unanime. Il a fallu une épidémie de Covid-19, pour s'apercevoir qu'ils sont indispensables pour notre santé, indispensables pour le fonctionnement de notre économie en pleine récession, et indispensables pour notre vie quotidienne.
Or, cette prise de conscience ne doit surtout pas s'arrêter après la disparition du virus.
C'est pourquoi, il faudra repenser la hiérarchie sociale de ces métiers à partir de leur utilité plutôt qu'à partir de leur productivité. La reconnaissance de ces professions ne peut se satisfaire seulement d'applaudissements et de grands discours. Elle doit se traduire par une valorisation salariale fondée sur une nouvelle grille salariale de ces métiers. Celle-ci ne pourra se faire qu'au prix de transformations sociales et économiques conséquentes.
Sortir de cette épreuve, nécessite donc de changer ces vices en vertus en déconfinant notre économie de la rentabilité à court terme, afin qu'elle puisse faire face à d'autres périls et qu'elle puisse aussi mieux les anticiper.

Parier sur l'offre pour relever notre économie post-Covid : un pari risqué !

La crise sanitaire que nous connaissons depuis deux ans, a révélé les limites des différentes politiques économiques mises en œuvre depuis plus de vingt ans dans notre pays. Les gouvernements successifs ont fait le choix de réduire les dépenses publiques et les impôts au nom de la politique de l'offre. Cette réduction a contribué à l'affaiblissement des services publics et plus particulièrement de notre système de santé, le rendant ainsi très vulnérable face aux risques sanitaires de grande envergure que nous connaissons actuellement. Les crédits publics consacrés à la santé ont diminué de 28% entre 2011 et 2018 comme le souligne le Conseil d'analyse économique. En consacrant seulement 2,2% de son PIB à la recherche, la France a pris du retard par rapport à l'Allemagne. Les échecs de l'Institut Pasteur et de Sanofi à développer un vaccin en sont le témoignage. En pleine crise pandémique, Sanofi a préféré privilégier la rentabilité financière en versant 4 milliards de dividendes à ses actionnaires en 2020 plutôt que d'investir davantage dans la recherche.

Quant aux hôpitaux, avec moins d'impôts, ils manquent aussi, de moyens en cette période de crise sanitaire grave.

Faute de personnels en nombre suffisant, ils sont contraints de déprogrammer des chirurgies vitales.

Il a fallu vivre une crise pandémique avec plusieurs vagues successives pour s'apercevoir que ces réductions sont nuisibles à notre dispositif sanitaire et donc à notre santé.

Il a fallu attendre juillet 2020 pour qu'enfin un plan de santé soit mis en œuvre, reconnaissant l'engagement de ceux qui nous soignent et pour qu'enfin les dépenses de santé soient considérées comme un investissement.

C'est pourquoi notre système de santé, ne doit plus être géré selon un mode de gouvernance managériale préférant l'efficience comptable à l'efficacité des soins. Il doit désormais être administré selon un mode de gouvernance médicale dans laquelle le soin retrouve toute sa dimension humaine. La recherche de la rentabilité financière à court terme, pourrait rapidement se retourner contre elle-même à long terme.

En effet, lorsque la santé est fragilisée, c'est toute notre économie qui le devient. Et lorsque la recherche est délaissée, c'est tout notre développement économique qui est retardé.

Face à cette pandémie, notre Gouvernement a choisi de protéger notre économie grâce à des baisses d'impôts et à un plan de relance conséquent de plus de 100 milliards d'euros privilégiant l'offre. Ce qui le contraint en menant une politique sanitaire du « *stop and go* », à faire le pari que l'offre rétablira la croissance économique et réduira les déficits après la pandémie.

Alors que la crise sanitaire creuse le déficit public et alourdit considérablement la dette publique, le pari semble risqué.

En privant les budgets publics de recettes durables, cette politique va peser sur les capacités d'action de l'État à réduire les inégalités aggravées par la crise sanitaire, à renforcer la santé et à développer les crédits publics pour la recherche. Elle va contraindre les Pouvoirs Publics à diminuer de nouveau les dépenses publiques pour maîtriser les déficits et la dette publique, au risque de ralentir la relance économique post-Covid.

Or, ce pari de l'offre pourrait être gagné à condition d'accroître la taxe sur les transactions financières afin de soutenir le développement des systèmes de santé de chaque pays membre de l'Union Européenne.

Il pourrait aussi être gagné, à condition de demander aux plus riches de contribuer ponctuellement au financement des effets de la pandémie grâce à un prélèvement fiscal unique sur une seule année.

Prélever une partie de leur épargne par cette taxe pour la réinjecter dans le circuit économique soutiendrait ainsi la reprise économique et découragerait l'évasion fiscale grâce à son caractère provisoire.

Approuvés par de grands économistes tel que John Maynard Keynes ou encore tel que l'ultralibéral Friedrich Hayek, la France et certains pays comme l'Allemagne, la Belgique, la Finlande, les Pays-Bas, le Japon… avaient choisi cette voie en 1945 pour financer la reconstruction de leur économie.

Ces mesures fiscales prises par ces pays ont bien réussi et ont ainsi prouvé leur efficacité économique. Alors, faire supporter provisoirement le financement du redémarrage de notre économie après la crise pandémique, par un impôt ponctuel sur les patrimoines des plus riches, est légitime et peu contestable économiquement. Cependant ce pari audacieux ne pourra être gagné que s'il est soutenu par une décision politique favorable et courageuse.

II- La régulation par le Marché

« *Le marché est une réalité que personne ne voit mais que tout le monde vit* » Denis Clerc.

1) Le fonctionnement du marché

Nous nous intéresserons principalement au marché des biens et services. Notons tout de même, que les autres marchés fonctionnent selon les mêmes mécanismes que celui des biens et services.
Le marché va concilier les intérêts contradictoires entre les agents économiques, ici entre les consommateurs recherchant des prix bas et producteurs recherchant des prix élevés grâce à la concurrence et aux prix. Ils permettent d'ajuster librement l'offre et la demande, à condition que la concurrence soit pure et parfaite et que les prix soient flexibles.

Marché des biens et services

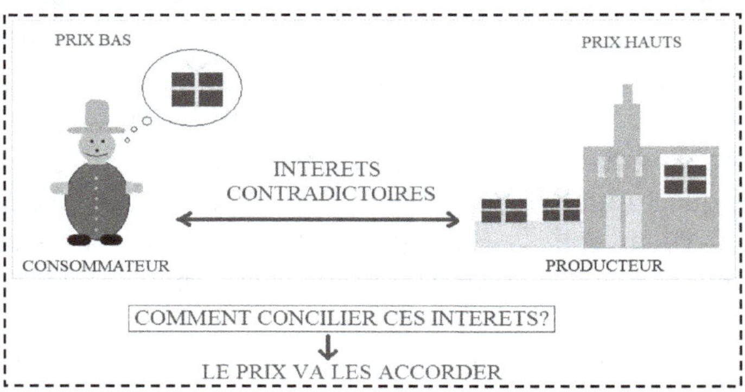

La régulation ne peut se faire que si la concurrence remplit certaines conditions. Lesquelles ?

- ## Les conditions de la concurrence : mythe ou réalité ?

Cinq conditions caractérisent la concurrence pure et parfaite : l'homogénéité des produits, l'atomicité du marché, la mobilité des facteurs de production, la libre entrée des marchandises en vertu du libre échange et la transparence du marché selon laquelle tous les agents économiques disposent de l'information. Or, il suffit que l'une d'entre elles ne soit pas remplie, pour que la concurrence devienne imparfaite. Dans ce cas, le marché est dans l'impossibilité d'exercer pleinement son rôle de régulateur de l'économie.
Ces conditions ne correspondent pas à la réalité et ne sont jamais remplies dans la vie économique. Le marché est purement théorique voire virtuel. Il reste une idéologie sur laquelle s'appuie le libéralisme économique pour justifier la non intervention de l'État en économie. Idéologie, qui justifie également la recherche de l'intérêt individuel rationnel comme étant le seul moteur de l'économie.
La concurrence qui est un des fondements de notre système économique capitaliste, reste le rouage substantiel de la régulation par le marché. C'est grâce à la compétition que nos entreprises innovent, améliorent la qualité de leurs produits et baissent leurs prix. Pour les partisans de cette doctrine, la concurrence en éliminant les entreprises les plus vulnérables, oblige les firmes à développer leur avantage concurrentiel pour mieux satisfaire les consommateurs et s'enrichir. Elle profite ainsi au client qui peut faire ses choix librement au meilleur prix. C'est la loi du marché. Mais nous verrons par la suite que cette loi n'est pas vérifiée et même parfois très dangereuse. Trop de concurrence tue la concurrence. La loi du plus fort n'est pas toujours la meilleure en économie.

- ## Le rôle des prix sur le marché

Le prix est une variable essentielle du marché concurrentiel. Il joue son rôle de régulateur lorsque le marché est en situation de concurrence pure et parfaite. Il accorde le consommateur et le producteur en ajustant l'offre et la demande. C'est aussi un indicateur de la rareté ou de l'abondance du produit. Il représente la valeur

marchande du produit, son image, ou encore il peut exprimer la qualité du produit.
Il transmet des signes, des informations qui influencent les comportements, les décisions des producteurs et des consommateurs, mais aussi de tous les agents économiques.
Il modifie le choix de consommation des ménages entre les différents produits lorsque ceux-ci sont substituables, c'est-à-dire que l'on peut remplacer un produit par un autre pour satisfaire un même besoin. Il peut être aussi un moyen d'affirmer sa distinction sociale (produits de luxe ou de marque à forte notoriété).
Le prix détermine les choix stratégiques des producteurs, les choix d'investissement et commerciaux (positionnement, qualité, image…).

Il agit donc à la fois sur la demande et sur l'offre.

Comment agit-il sur la demande ?

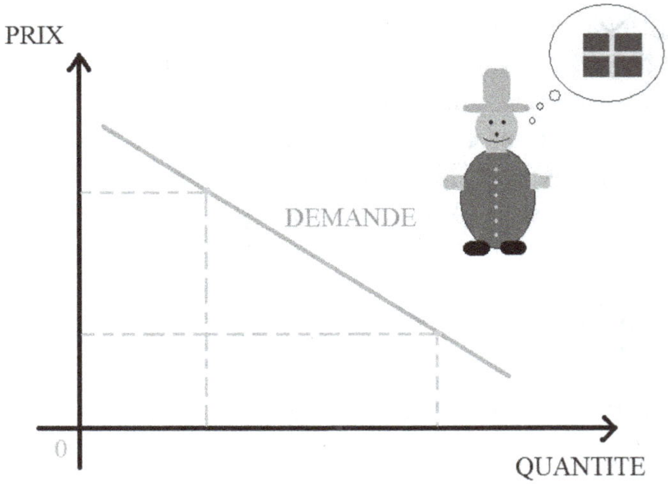

La demande sur le marché indique la quantité de biens ou services que le consommateur désire se procurer en fonction du niveau des prix et de son revenu. Elle est représentée ici par une droite.
Elle est une fonction décroissante par rapport aux prix.
Si les prix montent, la quantité demandée (achetée) diminue et inversement car le consommateur est un être rationnel qui fait un

calcul économique c'est-à-dire coûts/avantages en recherchant à maximiser son intérêt.

Comment agit-il sur l'offre ?

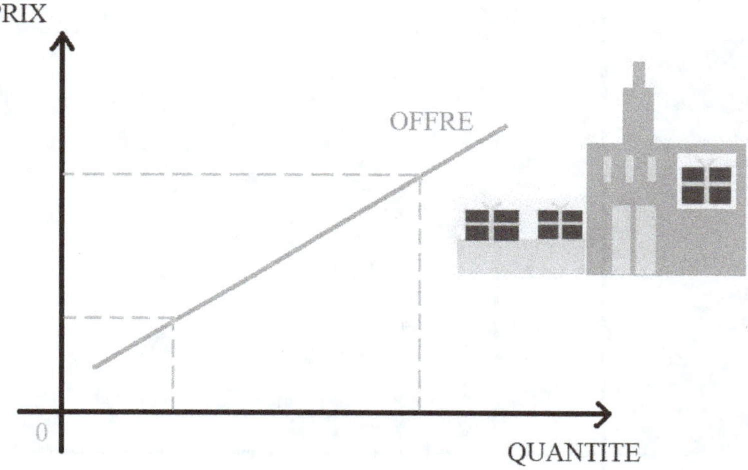

L'offre sur le marché indique la quantité de biens ou de services que le producteur (offreur) ou vendeur désire fabriquer et vendre en fonction du niveau des prix. Elle est représentée ici par une droite. Elle est une fonction croissante par rapport au niveau des prix. Plus les prix montent, plus les entreprises seront incitées à augmenter leur production (offre) car leurs profits seront plus élevés. Le producteur est lui aussi un être rationnel qui fait son calcul économique coûts/avantages en recherchant son meilleur intérêt.
Face à une perturbation, le marché retrouve automatiquement son équilibre grâce aux prix agissant sur le comportement des demandeurs et des offreurs considérés comme des êtres rationnels. La régulation s'effectuera toute seule, il suffit d'attendre la « main invisible ».
Lorsque la demande est supérieure à l'offre, les prix montent il y a un déséquilibre sur le marché (inflation), les producteurs vont décider de produire plus car ils y ont intérêt, ainsi l'offre va monter jusqu'à ce qu'elle soit égale à la demande. Celle-ci quant à elle, va diminuer puisque les consommateurs perdent du pouvoir d'achat. L'équilibre économique se rétablit.
Lorsque l'offre est supérieure à la demande il y a un déséquilibre qui se traduit par une surproduction, les prix baissent ce qui va attirer plus

de demande car les consommateurs ont intérêt à consommer, la demande va monter jusqu'à ce qu'elle soit égale à l'offre. Celle-ci simultanément diminue, car les producteurs disparaissent ou réduisent leur production.

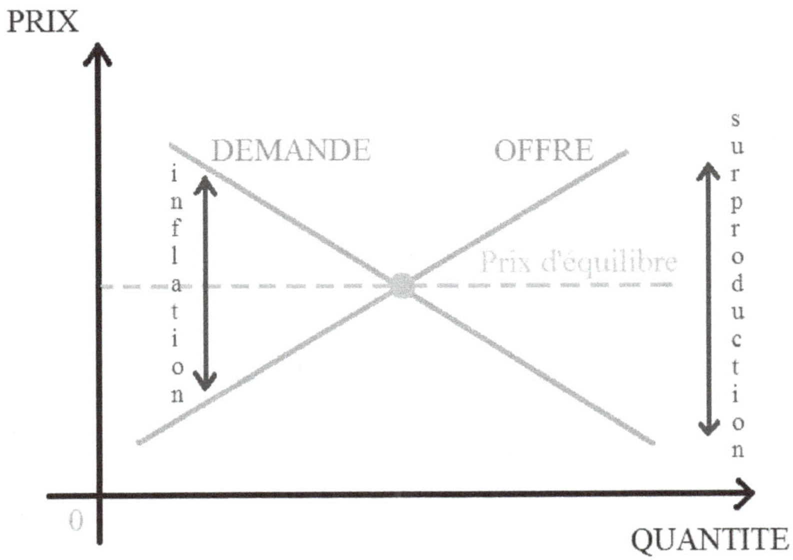

Donc les prix ajustent l'offre et la demande, ils régulent les échanges selon la « *loi de l'offre et de la demande* » évoquée par Alfred Marshall (1842-1924). La variation simultanée des prix et des quantités permet d'arriver à un point d'équilibre entre l'offre et la demande, c'est à dire qu'à ce prix d'équilibre il n'est plus possible d'augmenter la satisfaction d'un individu sans détériorer celle des autres. C'est donc la main invisible qui opère par élimination, selon la loi de l'offre et de la demande, et qui ajuste les offres et les demandes. En les éliminant, elle fait disparaître les producteurs les moins rentables et les consommateurs à faible pouvoir d'achat et assure la satisfaction de tous. Ainsi à ce prix d'équilibre, la production est écoulée et la demande est satisfaite.

Il en est de même pour le fonctionnement du marché du travail et les autres marchés qui coordonnent les rouages de l'économie.
En effet selon la logique du marché, la flexibilité des prix assure l'équilibre entre l'offre et la demande sur tous les marchés.

Par exemple sur le marché du travail, c'est donc le salaire (prix du travail) qui va ajuster les offres de travail émanant des salariés (ils offrent leur travail ou le vendent) aux demandes de travail émanant des entreprises, elles demandent du travail ou elles l'achètent selon son prix (salaire).
La doctrine libérale évoque la baisse des salaires pour inciter les entreprises à embaucher car c'est rentable, ce qui signifie qu'une suppression du SMIC et une déréglementation du droit du travail favorisant ainsi leur flexibilité, feraient diminuer le chômage. Le chômage résulte du niveau trop élevé du coût du travail. Laissons faire le marché du travail libre, nous disent certains économistes et il n'y aura plus de chômage. Ce n'est qu'une hypothèse, car le niveau de l'emploi dépend aussi du niveau de l'activité économique, qui elle-même dépend du niveau de la demande.

Le prix véhicule une information qui permet à chaque agent économique d'opérer des choix car il mesure monétairement la valeur des biens ou services. Ainsi les entreprises déterminent la quantité de biens et de services à produire en fonction du prix de vente, du prix (coût) des facteurs de production (travail et capital) qu'elle utilise.
Les consommateurs fixent leur niveau de consommation et donc d'épargne en fonction du prix des biens, du prix de leur travail (revenu) et du prix du crédit (taux d'intérêt).
Il détermine ainsi la loi de l'offre et de la demande, qui assure la régulation de l'ensemble des marchés à condition que la concurrence soit non faussée.

Mais une telle régulation comporte des limites. Lesquelles ?

2) Les limites de la régulation par le marché

- **Une concurrence imparfaite et souvent faussée**

Le marché de concurrence pure et parfaite reste l'idéal de la pensée économique libérale qui condamne l'intervention de l'État ainsi que la coopération en économie, au profit de la règle du chacun pour soi et de la concurrence.

Quelles sont les limites d'une régulation par le marché ?

Le marché de concurrence pure et parfaite est un marché théorique voire purement virtuel, donc il ne correspond pas à la réalité. L'hypothèse d'atomicité n'est pas respectée car les entreprises s'efforcent d'acquérir sur le marché des positions leur permettant d'imposer leurs prix ou de retarder l'arrivée de nouveaux concurrents. (Fusions, alliances dans le secteur bancaire, automobile, informatique, le cinéma, internet.)
L'homogénéité est de moins en moins vérifiée car les entreprises sont incitées à contourner la concurrence par des stratégies de différenciation.
Le marché est difficilement transparent. Il est parfois difficile d'obtenir l'information sur les produits (les médicaments par exemple) et sur leurs prix (les vaccins contre le covid-19 par exemple). De plus la recherche de l'information prend du temps et a un coût malgré les progrès du numérique. L'information est souvent imparfaite et asymétrique.
Dans la réalité la concurrence est plus souvent imparfaite.

Comme nous venons de le voir les hypothèses de concurrence pure et parfaite ne sont jamais respectées. Les entreprises s'efforcent d'acquérir sur le marché des positions leur permettant d'imposer leurs prix ou de retarder l'arrivée de nouveaux concurrents (exemple : le marché de la téléphonie mobile dominé essentiellement par quatre

opérateurs, la situation de Microsoft et celle des GAFA). Elles se regroupent ou fusionnent pour maintenir leur avantage concurrentiel ou encore élargissent leur réseau avec des formats de magasins différents (les grandes enseignes de la grande distribution comme Carrefour, Intermarché, Leclerc verrouillent le marché avec leurs différents réseaux de points de vente).
Finalement le marché est le plus souvent de type oligopole que de concurrence. De plus, il est rarement transparent car les entreprises brouillent très souvent l'information du consommateur.
La multiplication des références des produits, le mélange des marques : marques du producteur et marques du distributeur, rend les comparaisons impossibles et donc fausse le choix rationnel du consommateur qui en plus manque de temps pour élaborer le meilleur choix en faisant jouer la concurrence.

• Une concurrence inefficace

La théorie libérale affirme que c'est par notre comportement égoïste que nous arrivons à une harmonie sociale représentée par l'équilibre (l'intérêt de tous), or le marché qui s'autorégule est inefficace lorsque chacun poursuit son propre intérêt. En effet la somme des intérêts individuels ne tend pas vers l'intérêt général (exemple : le dérèglement de la planète, la disparition de certaines espèces animales et végétales pour satisfaire notre propre intérêt menace l'intérêt de tous.).
La concurrence ne conduit pas toujours à l'harmonie optimale, selon le dilemme du prisonnier.

John NASH mathématicien devenu fou, prix Nobel d'économie en 1994 avec d'autres économistes pour ses travaux sur la théorie des jeux qui remet en cause l'efficacité du marché et sa concurrence.

Voici un extrait et une illustration de cette théorie d'après l'ouvrage de Bernard MARIS (antimanuel d'économie tome 1 Ed. Bréal) : le dilemme du prisonnier.

Deux prisonniers sont enfermés séparément. L'un d'eux a commis un crime mais on ne sait pas lequel. Ils sont totalement coupés l'un de l'autre, aucune communication n'est possible.
Le juge va les voir l'un après l'autre et leur fait la proposition suivante :
« Tu avoues le crime, et l'autre que je vais aller voir après, n'avoue pas. Dans ce cas, tu prendras la perpétuité, l'autre sera libre. Ou bien tu n'avoues pas, tu jures être innocent, et l'autre que je vais aller voir après toi, n'avoue pas non plus. Dans ce cas, vous prenez tous les deux 20 ans. Ou tu avoues et l'autre aussi avoue. Dans ce cas bien que je ne sache toujours pas qui est le coupable, vous écopez 10 ans tous les deux. »

A	B	PEINES
AVOUE	AVOUE	10 ANS CHACUN
N'AVOUE PAS	AVOUE	B=PERPETUITE, A=LIBRE
AVOUE	N'AVOUE PAS	A=PERPETUITE, B=LIBRE
N'AVOUE PAS	N'AVOUE PAS	A ET B = 20ANS CHACUN

Si chacun joue pour soi selon la loi de la concurrence, la peine sera de 20 ans, si au lieu de jouer seul, les deux jouent collectif ou coopèrent sachant que A est sûr que B jouera aussi collectif, la peine sera de 10 ans. L'harmonie ne vient pas de l'égoïsme de chacun mais au contraire de la bienveillance de chacun !
Le marché grâce à la concurrence libre, pure et parfaite conduit soi-disant à l'harmonie, c'est-à-dire à l'équilibre (optimum, intérêt général).
Mais ce dilemme du prisonnier démontre l'inefficacité du marché concurrentiel.
La concurrence qui pousse chacun à rechercher sa propre utilité, son intérêt personnel, est ici remise en cause. Cette recherche de son propre intérêt ne permet pas de satisfaire l'intérêt de tous.
En effet, si chacun joue personnel comme le veut la concurrence, tout le monde y perd. Ce qui est le cas des pays face au dérèglement climatique.
Si chaque pays joue « perso » la planète continuera à s'asphyxier et on sera tous perdants. Alors, la coopération serait dans certaines situations, plus profitable que la concurrence. *« Mieux vaut une réussite solidaire qu'un exploit solitaire » ! (Albert Jacquard)*

La concurrence est la loi de la jungle dans laquelle règne la loi du plus fort. Elle instaure la compétition entre les agents économiques. Et conduit finalement à une sélection naturelle en éliminant les entreprises les plus vulnérables et réduit ainsi la concurrence.
De plus, elle tire le plus souvent vers le bas : baisse des prix, baisse des salaires, baisse des coûts, baisse de la qualité des produits et baisse de la sécurité des consommateurs (exemple certaines compagnies aériennes, chemins de fer privés…). Un libéralisme économique prônant « le tout marché » laisse face à face, au nom de l'efficacité ou de l'efficience économique, les forts et les faibles.
L'histoire économique nous a démontré que le marché livré à lui-même et guidé par la loi naturelle de l'offre et de la demande, ne peut fonctionner que si l'État lui fixe un cadre institutionnel afin de le rendre plus transparent et plus concurrentiel.
Voilà le paradoxe du libéralisme économique : le marché a besoin d'être réglementé pour être efficace car sans règle il s'autodétruit. La crise financière de 2008 nous en a fourni la preuve.
L'intervention de l'État a permis de sauver notre système bancaire acculé aux dures lois du marché financier.

« *Entre le fort et le faible, c'est la liberté qui opprime et la loi qui libère* » !

Tribune économique : réflexion-débat

Concurrence ou coopération : un dilemme pour notre économie !

Au cœur de l'analyse économique se trouvent désormais les concepts de l'efficacité et de l'efficience servant de fondement à toutes les politiques économiques. De simples moyens, ils sont devenus aujourd'hui, une fin. L'efficience mesurée par l'adéquation des résultats aux moyens, est aussi recherchée par toutes les entreprises produisant dans un environnement concurrentiel. Dans cet environnement, les firmes parvenant à optimiser leurs ressources c'est-à-dire à maximiser leurs profits sous contrainte de coûts tout en recherchant à satisfaire les besoins de leurs clients, peuvent se développer, conquérir de nouveaux marchés ou encore se différencier des concurrents et donc créer des emplois. Alors que celles qui n'y parviennent pas, sont éliminées par la concurrence à défaut d'efficacité. Telle est la loi du marché, celle du plus fort, à partir de laquelle se sont tissées les relations économiques entre les acteurs économiques et entre les pays. La libre concurrence entre les entreprises privées, permet en théorie de concilier les intérêts divergents des producteurs et des consommateurs grâce aux prix fixés librement en fonction de la loi de l'offre et de la demande. Elle garantit, ce que les économistes appellent « l'allocation optimale des ressources ». En effet, la concurrence contribue à stimuler l'esprit d'entreprise, contribue aussi à encourager l'innovation et à inciter les entreprises à améliorer leur compétitivité prix ou hors prix. De plus, elle garantit la diversité des produits en offrant toujours plus de choix aux consommateurs. Cette compétition entre les entreprises favorise la baisse des prix et améliore la qualité des produits. Elle profite ainsi, à la fois aux entreprises les plus compétitives et aux consommateurs dont les besoins sont satisfaits soit par les prix, ou soit par la qualité. Grâce à elle, le bien-être de chacun permet le bien-être de tous. L'idée que la concurrence est un gage d'efficacité est au cœur de notre système économique. Elle demeure si puissante dans les discours publics, qu'elle s'introduit désormais progressivement dans la gestion des services publics pour justifier la réduction des dépenses publiques afin d'optimiser les ressources fiscales. Elle s'introduit aussi dans la

gestion des entreprises publiques pour les contraindre à s'ouvrir sur la concurrence afin d'améliorer leur rentabilité, comme le préconise par exemple la réforme de la SNCF en 2019. Cependant à côté de ses vertus incontestables, la concurrence en institutionnalisant le « chacun pour soi », ne conduit pas toujours à une harmonie optimale comme l'a si bien démontré l'économiste John Nash en 1951 à travers la théorie des jeux illustrée par le dilemme du prisonnier et selon laquelle la coopération se révèlerait plus efficace que la concurrence.
Le dilemme du prisonnier met en scène deux prisonniers soupçonnés de meurtre. Le juge les interrogeant séparément leur propose plusieurs solutions : « *si l'un des deux dénonce l'autre, il est remis en liberté alors que le second qui se tait est condamné à 10 ans. Si les deux se taisent, la peine ne sera que de six mois. Et si les deux se dénoncent, ils seront condamnés chacun à 5 ans* ». Leur intérêt mutuel serait donc de se taire tous les deux. Mais comme ils sont en concurrence et donc animés par la recherche de leur propre intérêt, ils font le calcul suivant : « *si je le dénonce, je serai libre et au pire je ferai 5 ans. Si je me tais et que l'autre me dénonce je serai condamné à 10 ans* ». Or, ne pouvant pas savoir ce que va faire l'autre, ils vont dès lors faire le calcul rationnel en évaluant leur intérêt suivant ce que l'autre pourrait faire. Cherchant leur propre intérêt, les deux faisant le même raisonnement, se dénonceront et seront condamnés à 5 ans chacun alors que s'ils avaient coopéré, ils auraient pris six mois. L'harmonie ne vient pas de l'égoïsme de chacun mais au contraire de la bienveillance de chacun. Coopérer s'avère plus efficace que le chacun pour soi. Si chacun anticipe que les autres vont être égoïstes, et si les autres pensent de même, alors nous serons tous perdants. C'est l'exemple parmi tant d'autres, de la surpêche ou de la surproduction laitière en 2016 provoquant une baisse des cours consécutivement à la levée des quotas. La maximisation du bien-être individuel permise par cette suppression a conduit à l'appauvrissement de tous. Cette situation de manque de confiance ou de non coopération est le résultat d'un individualisme qui s'est forgé dans notre économie par la compétition.
Celle-ci recherchée par les entreprises qui se livrent une concurrence, les oblige à réduire leurs coûts et plus particulièrement celui du travail, pour être compétitives.
Cette recherche accrue de la compétitivité- prix à travers la réduction du coût du travail, tend à opposer les intérêts de ceux qui achètent aux intérêts de ceux qui produisent, oubliant au passage que ceux qui

produisent et qui achètent sont les mêmes agents économiques dénommés autrement. Cette course effrénée à la compétitivité prix précarisant le travail, contraint les ménages à consommer moins cher, obligeant ainsi les entreprises à leur tour, à produire encore moins cher en comprimant davantage leurs coûts salariaux pour maintenir leur marge et trouver des débouchés. Elle enclenche ce cercle vicieux où plus de compétitivité prix entraîne moins de débouchés pour les entreprises résidentes sur le territoire faute de salaire suffisant. Elle appauvrit ainsi à la fois les entreprises et les ménages. C'est le dilemme du prisonnier de la compétitivité. Alors, qu'avec une hausse coordonnée des salaires, décidée par l'ensemble des entreprises et des États de la zone euro, toutes les parties prenantes de l'activité économique seraient gagnantes en évitant le nivellement par le bas. La coopération serait donc beaucoup plus efficace que la compétition. Il en est de même pour le dérèglement climatique. Face à la menace qui se précise davantage et aux signes qui se multiplient, nous avons tous collectivement intérêt à endiguer le dérèglement en cours. Mais nous avons tous également, intérêt en vue de maximiser notre bien-être individuel à court terme, à poursuivre nos habitudes de consommation et nos modes de production. C'est ainsi que chacun : États, entreprises et particuliers, retarde les mesures préventives et compromet l'avenir de la génération future par son individualisme. Il en est aussi de même pour la gestion des services publics. Nous avons tous collectivement intérêt à développer nos hôpitaux, nos écoles, nos armées et notre recherche, pour être bien soignés, bien éduqués et bien protégés. Et en même temps, nous voulons tous payer moins d'impôts en vue de maximiser notre bien-être individuel. C'est pourquoi l'État gestionnaire s'est substitué progressivement à l'État Providence fonctionnant selon les règles de la concurrence.

Or, cette substitution limite son effet redistributif et amoindrit son efficacité pour réduire les inégalités.

Le dilemme du prisonnier nous montre qu'il est bien dans des cas, essentiel de coopérer pour maximiser le bien-être de tous plutôt que de rechercher la maximisation du bien-être individuel. La coopération permet une allocation optimale des ressources profitant à tous. Telle est la loi de l'entraide, l'autre loi du plus fort. Loi, à partir de laquelle pourrait se tisser de nouvelles relations économiques entre les États et entre les agents économiques pour relever les défis économiques de demain !

Laissons entrer les petits laboratoires pharmaceutiques pour sortir de la pandémie !

La coopération dans le domaine de la recherche médicale et dans le secteur pharmaceutique semble beaucoup plus efficace que la concurrence. Elle a permis de trouver rapidement des vaccins contre la Covid-19 notamment ceux à ARN messager. Cependant, cette collaboration économique n'est pas allée jusqu'au bout de sa finalité. Elle n'a pas réussi à transformer cette découverte vaccinale en un bien public mondial, malgré la mondialisation de la crise sanitaire et malgré la demande de la levée des brevets sur ces vaccins par certains pays notamment celle des USA et celle de la France. Cette levée aurait pourtant permis aux pays pauvres d'accéder aux vaccins. Elle aurait aussi permis aux États d'être beaucoup moins dépendants des firmes multinationales pharmaceutiques.
Le secteur pharmaceutique est aujourd'hui à la fois un système économique subventionné par les Pouvoirs Publics et un système économique privé régi par les lois du marché. Les accords passés entre les États et les firmes multinationales pharmaceutiques pour les vaccins contre le Covid en sont une illustration.
Pour les vaccins à ARN messager il y a eu trois décennies de financement public.
A ce subventionnement public, s'ajoutent la garantie de la production et celle des ventes, assurées par les précommandes et par la délivrance des brevets des Etats.
Sans ce financement et sans ces garanties, le groupe Pfizer et les autres industries pharmaceutiques concurrentes, n'auraient jamais pu finir de développer leur vaccin et les commercialiser aussi rapidement pour lutter contre l'épidémie. Cette coopération se trouve ainsi confrontée à deux logiques économiques paradoxales. D'un côté, satisfaire l'intérêt général à travers la santé publique et de l'autre, satisfaire l'intérêt privé à travers l'octroi de monopoles grâce aux brevets. Or la seconde a tendance à l'emporter sur la première en s'accommodant des règles du marché gouvernant l'accès à la santé. Des règles qui ne respectent que rarement les conditions de la concurrence garantissant un fonctionnement efficace du marché. En effet, seules quelques firmes multinationales pharmaceutiques dominent actuellement le marché. Étant les premières à avoir pu fabriquer et commercialiser leurs vaccins, elles ont acquis une position

dominante. Cette situation s'est renforcée avec les contrats d'exclusivité passés avec divers États, avec l'Union Européenne et les quatre groupes pharmaceutiques. Ces engagements imposés par ces groupes, dissuadent la plupart des Etats à financer le développement d'autres vaccins classiques dits « inactifs » fabriqués par les PME du secteur. Ils retardent ainsi l'entrée de ces nouveaux vaccins sur le marché et de fait, ralentissent la sortie de la crise sanitaire.
C'est le cas de l'Union Européenne qui semble manifester une certaine réserve à financer et à précommander le vaccin contre le Covid fabriqué par la firme franco-autrichienne Valnéva située à Nantes, malgré les phases d'essais cliniques très prometteuses. A cette défaillance de concurrence sur ce marché, s'ajoute aussi celle de la transparence des prix des vaccins. Il y a peu d'information sur la manière dont ils sont fixés. Il y a aussi peu d'information sur ce que coûte leur production, ni sur ce que chaque industrie pharmaceutique a obtenu comme financement public. Or le prix de vente qui a été payé aux multinationales, a été déjà payé en partie par la collectivité.
Aujourd'hui, compter que sur quatre groupes pour produire des vaccins efficaces pour tout le monde dans l'intérêt général semble insuffisant. C'est pourquoi l'entrée des petits laboratoires sur le marché des vaccins doit être fortement favorisée par l'Union Européenne et par certains pays. Cette ouverture du marché des vaccins anti-Covid à plus de concurrents, augmenterait ainsi la production de vaccins et permettrait aux populations d'avoir en plus, le choix entre des vaccins à ARN et des vaccins « classiques » aussi efficaces les uns que les autres.
De plus, grâce à la baisse des prix qui en résulterait, elle faciliterait aussi l'accès des pays pauvres au vaccin anti-Covid à défaut de devenir un bien public mondial.
Ce qui est paradoxal dans cette crise, c'est qu'il faille désormais, plus de concurrence pour satisfaire l'intérêt général.

Pour en savoir plus…

LIVRES

- Bernard MARIS : Antimanuel d'économie tome 1 et tome 2 Ed. Bréal
- Maurice BASLE Le budget de l'État Ed. La découverte
- Claude MOUCHOT pour que l'économie retrouve la raison Ed. Economica 2010
- Steve KEEN l'imposture économique Ed. de l'atelier 2014
- Éloi LAURENT le bel avenir de l'État Porvidence Ed. LLL 2014
- Éloi LAURENT Nouvelles mythologies économiques Ed. LLL 2016
- Éloi LAURENT Et si la santé guidait le monde ? Ed. LLL 2020
- Stéphanie KELTON Le mythe du déficit Ed. LLL 2021
- Vive la dépense publique Liêm HOANG-NGOC et Bruno TINEL Ed. H&O 2021

SITES INTERNET

- www.lemonde.fr
- www.alternatives-economiques.fr
- https://www.budget.gouv.fr/
- https://lewebpedagogique.com/
- https://www.laviedesidees.fr/
- https://economiegenerale.blogspot.com/
- https://www.economie2000.com/

https://sites.radiofrance.fr/franceinter/chro/journaldeleconomie/

<u>Thème 4 :</u>

Le dérèglement de l'activité économique : inflation - chômage.

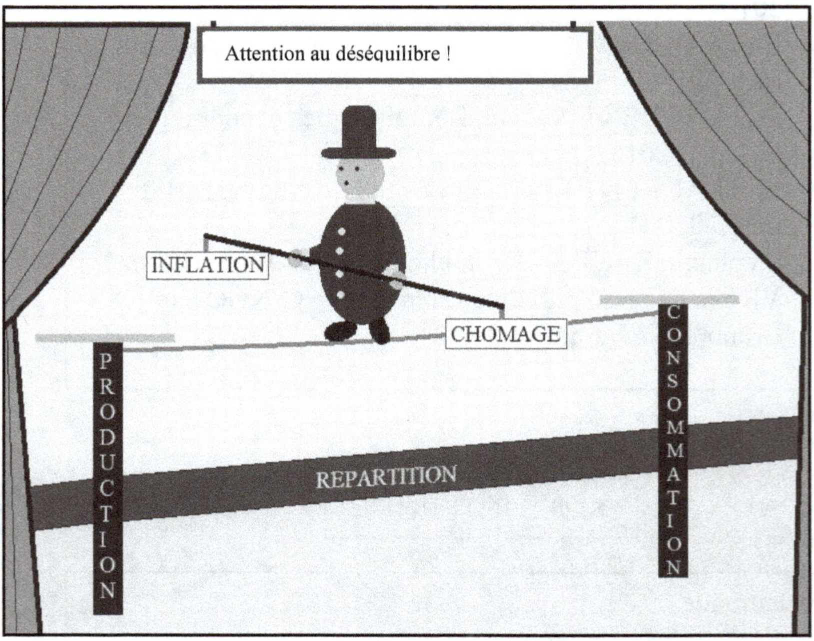

I- L'inflation

L'inflation a été pendant de nombreuses années, au centre des préoccupations des politiques économiques. Elle a été combattue ces vingt dernières années, et la désinflation (ralentissement de la hausse des prix) s'est amorcée dès 1983 en France, et depuis poursuit son cheminement avec les critères de convergence définis à Maastricht contraignant les pays européens à davantage de rigueur en matière de prix. Suite à la crise financière de 2008, certains économistes redoutaient la déflation c'est-à-dire une baisse des prix accompagnée par une baisse des salaires et d'une contraction des investissements, de la demande et de l'emploi.
À cause du rattrapage de l'activité économique après la récession de 2020 liée à la crise du Covid, les prix de l'énergie (électricité, gaz, pétrole…) et des matières premières, se sont envolés, faisant craindre un retour de l'inflation en France et en Europe.

INFLATION EN FRANCE

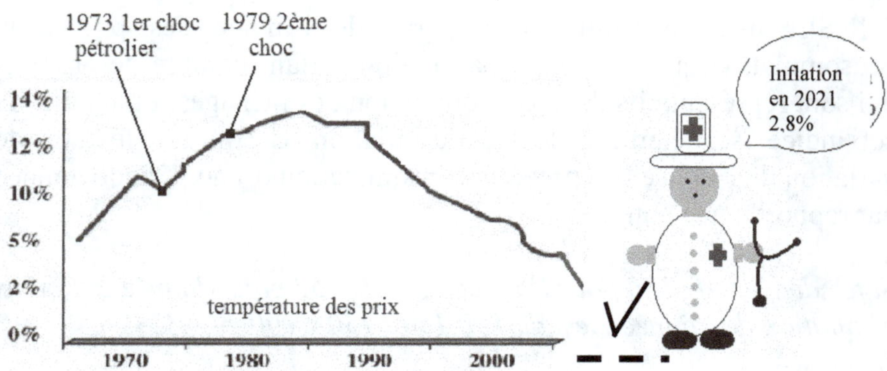

- Fièvre de 1973 jusqu'en 1983: inflation forte
- Baisse de la fièvre depuis 1983: désinflation

Mais quelle est donc cette maladie : l'inflation ?

1) Définition et mesure de l'inflation

• Définition de l'inflation

L'inflation désigne une hausse durable et généralisée des prix. Elle peut être définie comme un déséquilibre économique sur le marché des biens et services, qui se caractérise par une hausse continue du niveau général des prix.

• La mesure de l'inflation

Comment mesurer cette hausse des prix ?

L'INSEE mesure l'inflation à partir de l'indice des prix à la consommation qu'il calcule à partir d'un certain nombre de produits qui sont représentatifs de la consommation des ménages. Et à partir de cet indice, se détermine le taux d'inflation, c'est-à-dire le taux de variation de l'indice des prix à la consommation d'une période donnée par rapport à une autre.

Si l'indice est de 150 pour l'année 1, et de 152 pour l'année 2, le taux d'inflation de l'année 2 est de 152-150 / 150 x 100 = 1.33%

2) Les causes et les conséquences de l'inflation

Alors quelles sont les causes de l'inflation ?

- ### Les causes de l'inflation

On peut distinguer trois causes de l'inflation : pour les monétaristes, l'inflation est un phénomène monétaire, pour d'autres économistes l'inflation trouve son origine dans l'économie réelle à travers le niveau de la demande et des coûts de production.

Inflation par la monnaie	Inflation par la demande	Inflation par les coûts

L'inflation par la monnaie : l'inflation serait un phénomène monétaire

Pour les économistes monétaristes il existe une relation entre la quantité de monnaie en circulation et la hausse des prix. Cette relation est résumée par l'équation de Irving Fischer (1907) M.V. = P.T. où M = masse monétaire, V = vitesse de circulation de la monnaie, P = prix, T = transactions. Ainsi ils démontrent que si la masse monétaire augmente alors que V et T restent stables, les prix augmentent. Selon eux, l'inflation serait la conséquence d'un excès de quantité de monnaie en circulation dans l'économie (à cause de trop de crédits accordés), par rapport à la quantité de biens et de services disponibles.

Grâce au crédit, les agents économiques peuvent dépenser plus qu'ils ne gagnent, ce qui crée une augmentation de la demande par rapport à l'offre sur le marché des biens et services et provoque ainsi une hausse des prix.
L'inflation serait donc le résultat d'une création monétaire excessive due à trop de crédits accordés aux agents économiques par rapport à la croissance de la production qui en résulte.

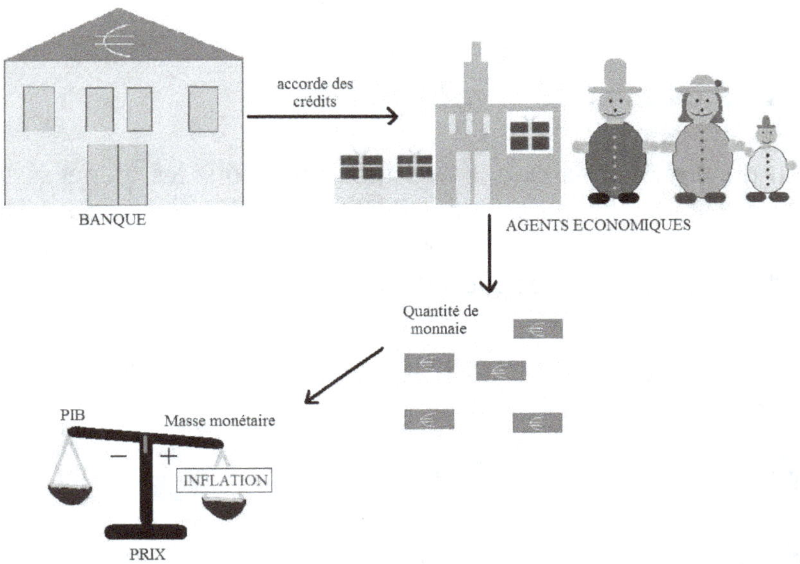

Dans ce cas pour lutter contre l'inflation, il faut donc restreindre la quantité de monnaie en circulation, c'est-à-dire la masse monétaire, en rendant le crédit plus cher grâce à la hausse des taux d'intérêt, mais au risque de ralentir les investissements des entreprises, donc au risque aussi de ralentir la croissance économique et d'alourdir la charge de la dette publique.
Cette politique a été la politique monétaire menée par la Banque Centrale Européenne jusqu'en 2016 en pratiquant des taux d'intérêt élevés. Depuis, la BCE a fortement baissé les taux d'intérêt en pratiquant le quantitative easing, c'est-à-dire en achetant les dettes publiques afin de stimuler l'activité économique.

Quant à *l'inflation par la demande*, pour les économistes keynésiens, elle trouve son origine dans un accroissement excessif de la demande par rapport à l'offre sur le marché des biens et services.
Cet excès de la demande peut provenir soit d'un accroissement des dépenses publiques, soit d'une politique monétaire expansive ou encore d'une augmentation des revenus. Et, cette incapacité de l'offre quant à elle, peut provenir soit du plein emploi des facteurs de production, soit d'une insuffisance des stocks, ou encore soit d'une trop faible productivité des facteurs de production. Dans ce cas, pour lutter contre l'inflation, les Pouvoirs Publics peuvent utiliser la politique budgétaire pour freiner la hausse de la demande en augmentant les impôts et en diminuant les dépenses publiques, mais au risque de ralentir l'activité économique, donc au risque d'aggraver le chômage.

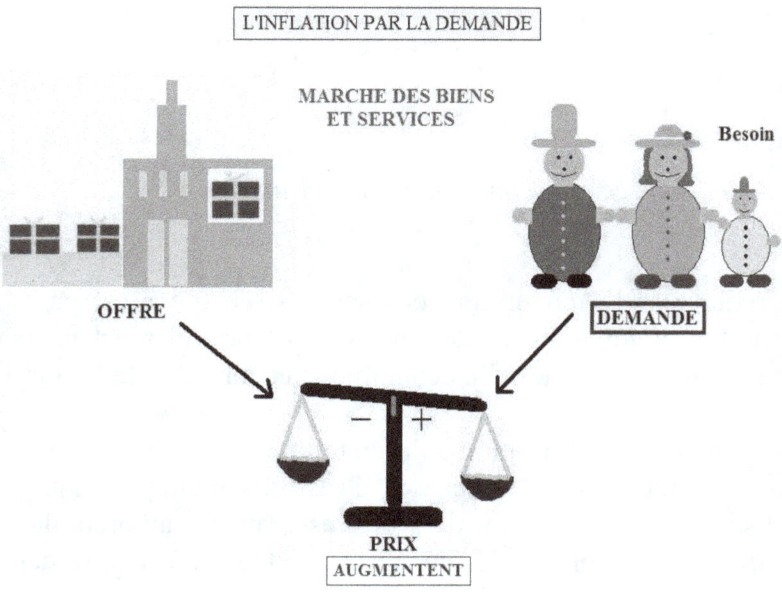

L'inflation par les coûts, la hausse des prix proviendrait d'une hausse des coûts de production des entreprises, liée soit à une hausse des prix des matières premières (hausse du pétrole, de l'électricité, gaz, céréales, cuivre…) ou soit d'une hausse des salaires. Cette hausse des coûts de production est répercutée par les entreprises sur leurs prix de vente pour conserver leur marge, ce qui peut aboutir à une spirale inflationniste dans laquelle toute hausse de salaire se traduit par une hausse des prix de vente des entreprises et ainsi de suite.

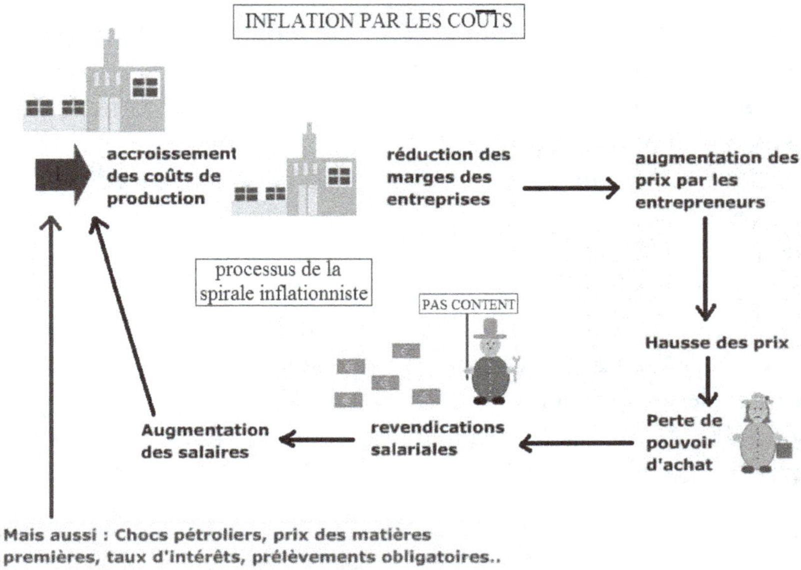

Alors dans ce cas, comment réduire l'inflation ?

Elle se réduit par la modération des salaires, ce qui n'est pas sans risque sur le pouvoir d'achat des ménages, donc qui n'est pas sans risque sur le niveau de l'activité économique et sur celui de l'emploi.

A ces trois causes de l'inflation se rajoute une autre cause celle de la structure des marchés. En effet, les structures monopolistiques ou oligopolistiques (secteur bancaire, des assurances, automobiles, la grande distribution organisée en réseau intégré…) contribuent à fausser la concurrence et empêchent la baisse des prix.
L'inflation peut avoir deux origines : une origine externe qui caractérise l'inflation importée liée à une hausse du prix du pétrole et des matières premières, et une origine interne liée à la formation des prix et des coûts de production dans notre économie.

• Les conséquences de l'inflation

Quelles sont les conséquences à l'égard des ménages ?

Elle diminue leur pouvoir d'achat et freine donc la demande des ménages sur le marché des biens et services. Ce qui peut provoquer un risque de stagflation, c'est-à-dire une situation inflationniste avec une baisse de la croissance économique. Elle accroît les inégalités de revenus entre les ménages et dévalorise leur patrimoine financier à cause de la dépréciation monétaire qu'elle provoque. De plus, elle pénalise les ménages ayant des revenus fixes comme les retraites par exemple. Elle pénalise aussi les créanciers car le taux d'intérêt réel (taux d'intérêt nominal moins le taux d'inflation) diminue. Cependant, elle rend l'endettement des ménages moins coûteux du fait de la dépréciation monétaire qui en résulte. Donc les ménages auraient intérêt à s'endetter en période inflationniste.

Quelles sont les conséquences à l'égard des entreprises ?

Elle amoindrit leur compétitivité prix. Elle réduit ainsi les débouchés des entreprises, fait baisser leurs parts de marché. Elle pénalise l'activité des entreprises et freine leur création d'emplois.
Néanmoins, elle rend leur endettement moins coûteux en diminuant le coût réel de leurs emprunts et les incite donc à recourir au crédit pour financer leurs investissements, ce qui peut favoriser leur croissance. On dit que les entreprises dans ce cas, bénéficient d'un effet de levier.

En outre, elle accroît les profits des entreprises à court terme grâce aux marges plus élevées.

Quelles sont les conséquences à l'égard de notre économie ?

L'inflation détériore les échanges extérieurs parce qu'elle réduit la compétitivité prix des produits nationaux. Les produits importés deviennent plus compétitifs alors que les produits exportés le sont moins, ce qui aggrave le déficit de la balance commerciale. Elle encourage les délocalisations et accentue ainsi le chômage.
Elle déprécie la monnaie et décourage les investissements étrangers.
Cependant, l'inflation rend moins coûteux la dette publique de l'État, car le taux d'intérêt réel de l'emprunt effectué sur le marché financier diminue. Elle augmente les recettes fiscales du budget de l'État grâce à la TVA.

On peut dire globalement, que l'inflation comporte plus d'inconvénients que d'avantages.
Elle représente toujours aujourd'hui, une crainte économique pour les gouvernements et les marchés financiers. C'est pourquoi l'objectif de la stabilité des prix fixé à 2%, reste toujours la priorité de la politique monétaire de la Banque Centrale Européenne.
Cependant, un peu d'inflation accompagnée d'une hausse des salaires, permettrait de rajouter de l'huile dans les trois moteurs de l'activité économique, notamment dans celui de la consommation.
Ce moteur principal pourrait dans ce cas stimuler davantage la croissance et l'emploi à condition que la Banque Centrale Européenne n'augmente pas systématiquement les taux d'intérêt.
Pour les keynésiens, une certaine dose d'inflation permettrait de diminuer le chômage contrairement aux monétaristes qui récusent radicalement cette idée. Alors qu'en est-il ?

Tribune économique : réflexion-débat

Le retour de l'inflation, suivi d'une restriction budgétaire, fait craindre celui de la stagflation !

La flambée du prix du pétrole, de l'électricité, du gaz et de certaines matières premières dans une conjoncture secouée par la crise sanitaire, a fait valser les étiquettes de certains produits de consommation courante. Dans ce contexte, l'inflation pourrait bien resurgir.
Cette poussée de fièvre inflationniste de 2,8% en 2021 reste encore contenue en France, mais elle pourrait bien vite s'étendre à l'ensemble des produits, faisant craindre un retour de l'inflation.

Pas de crainte, tant que les trois causes de l'inflation ne sont pas réunies…

Il n'y a pas lieu de s'inquiéter tant que la hausse généralisée et durable des prix ne provient pas des trois rouages suivants réunis : hausse de la demande par rapport à l'offre sur le marché des biens et services, augmentation excessive de la masse monétaire et accroissement des coûts de production notamment des salaires.
La hausse des prix actuelle, est plutôt liée au rouage de la demande à l'égard de certains produits. La poussée des prix des matières premières, s'explique par un niveau de demande bien supérieur à l'offre en cette période de reprise économique mondiale, et provoque selon les mécanismes du marché un ajustement des prix à la hausse. Quant à celle du prix du gaz, elle s'explique à la fois par une forte demande des pays européens représentant 40% des importations et par la pression de la Russie sur l'Europe. En effet, la Russie freine son offre de gaz à l'égard de l'Europe. Créant ainsi un déséquilibre entre l'offre et la demande qui fait monter le prix du gaz.
Ce rouage de la demande ne porte, pour le moment que sur certains produits. Cette fièvre inflationniste reste faible, car les deux autres rouages de l'inflation ne sont pas activés pour l'instant.
Le deuxième, celui de la masse monétaire c'est-à-dire celui de la quantité de monnaie mise en circulation, semble être bien contrôlé par

la Banque Centrale Européenne malgré les taux d'intérêt très faibles voire parfois négatifs. La quantité de monnaie n'excède par la quantité de biens et de services en circulation. Elle ne provoque pas de tension supplémentaire sur la demande des biens et services, ni de tension sur l'euro.
Quant au troisième, celui de la progression des salaires, il tourne au ralenti avec le gel de l'indice des fonctionnaires, avec une légère revalorisation du SMIC de 2,19% en octobre 2021 et une deuxième de 0,9% en janvier 2022. Il continue de tourner en sous régime malgré quelques hausses salariales dans certaines branches professionnelles en 2021. Il est donc peu probable qu'il amplifie, par son mécanisme, la fameuse spirale « *hausse des salaires-hausse des prix* » qui provoquent l'inflation par les coûts.

... cependant, il faut craindre l'inflation si elle est suivie d'une politique budgétaire restrictive.

Il y a pourtant, quelques craintes à avoir devant ce rebond inflationniste.
La première est que cette petite fièvre s'est déclenchée à un mauvais moment. L'état de santé de notre économie est encore fébrile malgré une hausse historique du P.I.B. de 6,7% en 2021. Le déficit du commerce extérieur de la France s'aggrave toujours de plus en plus. Il s'élevait à 64,7 milliards d'euros en 2020 selon l'INSEE. Or, une hausse des prix amoindrit la compétitivité, réduit les exportations françaises et creuse ainsi le déficit extérieur.
Le taux de chômage peine toujours à descendre en dessous de la barre des 8%.
Quant au pouvoir d'achat, il reste encore en berne malgré l'indemnité inflation et le chèque énergie versés aux ménages les plus modestes. A cela s'ajoute une dette publique liée au « Covid » qui atteint les 118% du PIB en ce début d'année 2022 et un déficit budgétaire à 8,2% du P.I.B.
Dans ce contexte économique encore bien fragile, dans lequel l'inflation pourrait sévir de nouveau, certains économistes prônent déjà une politique de rigueur budgétaire pour 2022/2023... afin de réduire le déficit budgétaire et la dette publique inhérents à la crise Covid. Ils proposent donc de diminuer durant cette période, les prélèvements obligatoires c'est-à-dire les impôts et les cotisations sociales, au risque de mettre en péril notre protection sociale. Ils

proposent également de réduire les dépenses publiques en supprimant un certain nombre de postes de fonctionnaires, alors que nous ne sommes pas encore sortis de la pandémie et que les secteurs hospitaliers, éducatifs et de la recherche sont déjà en sous effectif.
Cette politique économique pourrait ainsi mettre en grande difficulté le secteur public et plus particulièrement nos hôpitaux déjà fortement éprouvés par les vagues successives de la pandémie. Par son effet démultiplicateur sur l'activité économique, cette restriction budgétaire annoncée, risquerait de freiner les investissements publics et privés ainsi que la consommation, donc de ralentir la croissance et les créations d'emplois.
Elle accentuerait davantage les inégalités sociales en dégradant les services publics.
De plus, elle développerait un sentiment réel d'injustice par rapport aux profits records de certains entrepreneurs du CAC 40 en période de pandémie.
A ces risques, pourrait s'ajouter celui de la hausse des taux d'intérêt décidée par la banque centrale européenne afin de contenir le rebond inflationniste.
Or, le risque majeur est qu'une l'inflation suivie d'un « Policy-Mix » rigoureux, c'est-à-dire de la combinaison d'une politique budgétaire et monétaire restrictive, pourrait provoquer le retour de la stagflation.

II- Le chômage

« Perdre son emploi, c'est perdre son existence sociale »

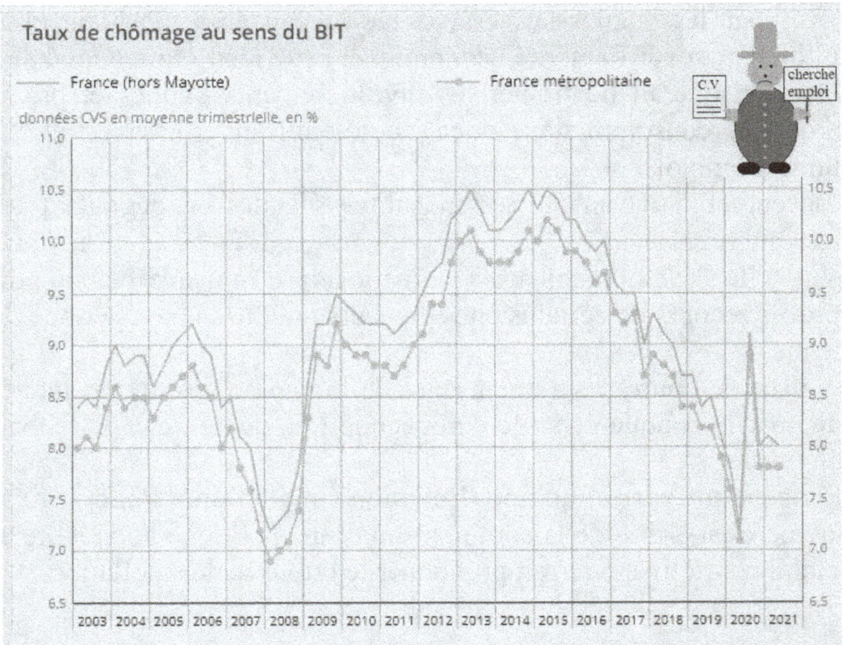

Estimation à +/- 0,3 point près du niveau du taux de chômage et de son évolution d'un trimestre à l'autre.
Champ : personnes de 15 ans ou plus, vivant en logement ordinaire
Source : Insee, enquête Emploi

1) Définition du chômage et évolution du marché du travail en France

• Définition et mesure du chômage

Qu'est-ce que le chômage ? Et comment le mesure-t-on ?

Le chômage correspond à une situation de déséquilibre entre les demandes de travail et les offres de travail sur le marché du travail, dans lequel le volume des offres de travail est supérieur au volume des demandes de travail. Donc lorsque la quantité de travail offerte est trop forte par rapport à la quantité de travail demandée, il y a chômage car dans ce cas, une partie de la population active ne trouve pas d'emploi.
Le chômage se mesure par le taux de chômage. En France ce taux est calculé par l'INSEE. Il correspond au pourcentage de chômeurs par rapport à la population active (population active occupée+les chômeurs). Il peut être calculé par classe d'âge, par sexe, par PCS ou par région.

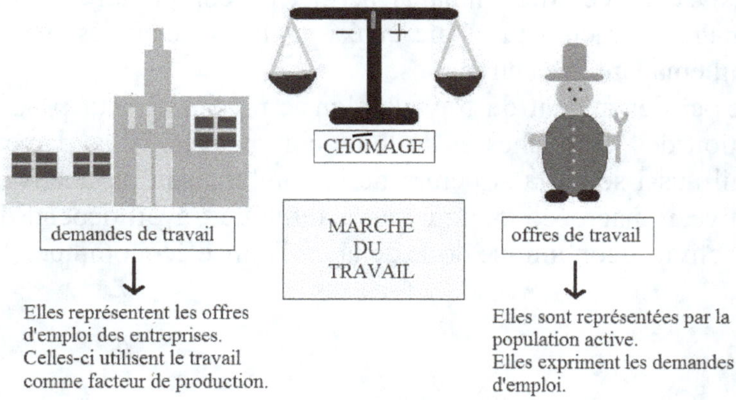

Les entreprises demandent du travail (facteur de production) c'est-à-dire l'achètent selon un prix : le salaire. Elles expriment leurs demandes à travers leurs offres d'emploi.
Les salariés offrent leur travail aux entreprises c'est-à-dire leur vendent selon un prix : le salaire. Ils expriment leurs offres à travers leurs demandes d'emploi.

Quels sont les déterminants des offres de travail et des demandes de travail ?

Au niveau macroéconomique, la quantité des offres de travail dépend du volume de la population active. Lui-même dépend de deux grands facteurs : le facteur démographique et l'évolution du taux d'activité des individus. Au niveau microéconomique, la quantité d'offre de travail dépend du niveau des salaires et des conditions de travail. En effet plus le salaire est élevé, plus il y aura des offres de travail sur le marché du travail car il sera intéressant pour les individus de proposer leur travail à ce salaire.
L'analyse de ces déterminants permet de comprendre les causes du chômage au même titre que ceux qui influencent les demandes de travail émanant des entreprises.
Celles-ci demandent du travail selon le niveau de leur production en fonction des débouchés et de leurs commandes. Elles demandent du travail aussi selon la structure de la combinaison productive retenue. Au niveau macroéconomique, la quantité de travail dépend du niveau de l'activité économique donc de la croissance économique.

Comment définir le chômeur ?

Selon le Bureau International du Travail, un chômeur est une personne en âge de travailler (15 ans et plus), qui répond à trois conditions : être sans emploi, être disponible pour prendre un emploi dans les 15 jours et être à la recherche d'un emploi dans le mois précédent.
A partir de ces conditions, un chômeur au sens du B.I.T n'est pas nécessairement inscrit à Pôle emploi.

• L'évolution du marché du travail en France

Le marché du travail français apparaît comme segmenté entre un marché primaire avec des emplois stables, occupés par des salariés qualifiés, en CDI, plutôt bien rémunérés et bénéficiant de bonnes

conditions de travail et de possibilités de promotion, et un marché secondaire avec des emplois précaires (à durée déterminée, intérim ou à temps partiel subi), occupés par des employés moins bien rémunérés et qui connaissent de fréquentes périodes de chômage.
Certains économistes désignent les actifs évoluant sur le marché primaire « d'*insiders* » c'est-à-dire des actifs bénéficiant d'une certaine garantie de l'emploi, les autres qui se retrouvent sur le marché secondaire sont qualifiés « d'*outsiders* » c'est-à-dire des actifs n'ayant aucune garantie d'emploi.
Il en résulte que ces deux marchés fonctionnent très différemment. Les déterminants des salaires y sont distincts, et la nature et les problématiques de chômage ne sont pas les mêmes sur ces deux marchés.
La mobilité entre les deux marchés est réduite. En effet, les actifs appartenant au marché secondaire subissent une forme d'exclusion sociale et une forme de précarité qui les empêchent très souvent de trouver un emploi stable.

L'évolution marquante du marché du travail concerne les emplois précaires : contrat à durée déterminée (CDD), contrat intérim (CTT), contrat aidé, contrat d'apprentissage et temps partiel subi. Ils se sont développés depuis les années 2000 et sont en forte hausse.
Les jeunes sont particulièrement touchés par ce phénomène de précarisation des emplois ainsi que les femmes.
Cette évolution de la structure des emplois répond au besoin croissant de flexibilité de la part des entreprises, qui doivent s'adapter à un environnement de plus en plus concurrentiel et incertain. Elle a été favorisée par les réformes structurelles du travail notamment celle sur la flexibilité du travail.
Le chômage est devenu un déséquilibre économique récurrent en France.
Depuis plus de 40 ans, il fluctue avec des périodes de hausse à plus de 10% et des périodes de baisse à 7%.
Depuis 2016, il diminue progressivement en France, mais au prix d'une hausse de la précarité des emplois et d'une régression sociale. Le taux de chômage des jeunes reste toujours préoccupant. Le taux d'emploi des jeunes en France est inférieur à la moyenne européenne. Cette situation prévaut depuis plus de trente ans. Les non diplômés sont les plus touchés.

2) Les explications du chômage et les politiques de l'emploi en France

Deux grands courants théoriques s'affrontent sur les causes du chômage.
Pour le courant libéral néoclassique les causes du chômage sont structurelles et sont donc liées à certaines rigidités qui empêchent le fonctionnement du marché du travail.
Pour l'analyse Keynésienne les causes sont davantage conjoncturelles liées à une insuffisance de la demande.
La réalité économique nous montre que le chômage a pour origine les deux causes simultanées, ce qui d'ailleurs complique la prescription d'un traitement efficace.

- ### Les explications du chômage : le débat sur les causes

« Le travail est une marchandise et celui qui l'exerce est un facteur de production et non une personne »

Quelle est l'analyse libérale du chômage ?

Selon les économistes néoclassiques ou « néolibéraux », si les salaires sont rigides à la baisse, et si le coût du travail est trop élevé, l'emploi alors devient la variable d'ajustement entre les offres et les demandes de travail sur le marché du travail. Le chômage résulterait de cette rigidité et de ce coût trop élevé qui empêcheraient le bon fonctionnement du marché du travail et freineraient les demandes de travail des entreprises.

Les économistes libéraux considèrent le travail comme une marchandise ordinaire, son marché est régulé par le prix, ici le *salaire*.

Le marché du travail fonctionne comme le marché des biens et services. La flexibilité du salaire permet d'ajuster les offres et les demandes de travail. Lorsqu'il y a un excédent de travail, la baisse du salaire permet de le résorber car il devient rentable pour l'entreprise d'embaucher. S'il y a du chômage, c'est parce que les salaires sont trop élevés. Théoriquement selon les libéraux, pour revenir à une situation de plein emploi, il faut laisser fonctionner librement le marché du travail et baisser le coût du travail.

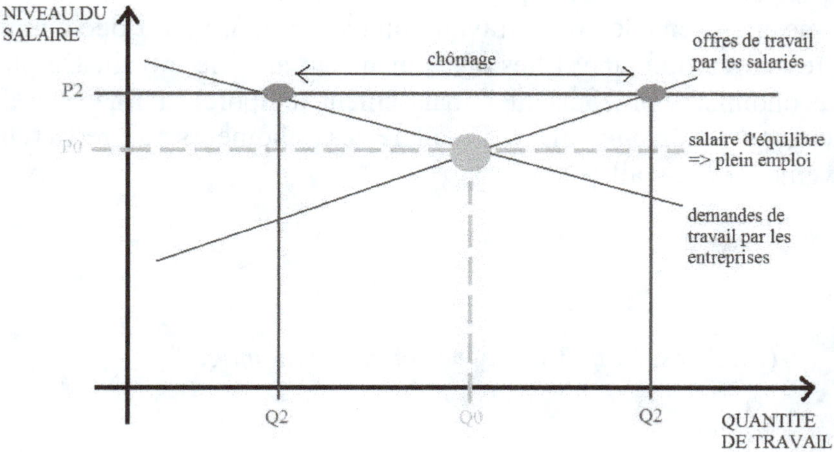

Or, le marché du travail n'est pas un marché comme un autre.
Le travail n'est pas une marchandise comme une autre. Il n'est ni homogène, ni mobile. Le salaire n'est pas seulement un coût, c'est aussi un revenu qui détermine le niveau de la demande globale, et bien sûr qui détermine le niveau de vie des individus.

Si le chômage perdure c'est à cause des rigidités qui affectent le marché du travail selon les libéraux :

Le niveau du SMIC (Salaire Minimum Interprofessionnel de Croissance) empêche la flexibilité des salaires permettant d'ajuster les offres et les demandes de travail, freinant ainsi l'embauche de salariés peu qualifiés.
Les conventions collectives ne permettent pas aux rémunérations d'être flexibles.

Les prélèvements obligatoires de plus en plus lourds, alourdissent le coût du travail et donc encouragent les délocalisations ou favorisent la substitution du capital au travail (remplacement de l'homme par la machine) et freinent les embauches.

Donc pour les libéraux les remèdes au chômage passent par une baisse du coût du travail, par la flexibilité du travail et par celle des rémunérations. Passent aussi par la déréglementation sociale, la baisse des prélèvements obligatoires et par l'assouplissement du droit du travail beaucoup trop protecteur pour le salarié. Des mesures qui ciblent l'offre (production) plutôt que la demande.
Ces mesures considèrent le travail comme un coût plutôt que comme une ressource humaine. Elles déshumanisent ainsi le travail. De plus, ces économistes préconisent l'abaissement temporel et financier des allocations chômage afin d'inciter les chômeurs à rechercher activement du travail.

Quelle est l'analyse Keynésienne du chômage ?

J.M. KEYNES (5 juin 1883 - 21 avril 1946) évoquait le rôle majeur de la demande et de l'intervention de l'Etat pour déterminer le niveau de l'emploi. Il proposait une augmentation des dépenses publiques pour relancer l'activité économique et réduire le chômage. Le chômage est lié à une insuffisance de la demande. C'est la demande qui en déterminant le niveau de la production détermine celui de l'emploi. Contrairement aux libéraux pour lesquels le niveau de l'emploi dépend de l'offre.

Cette analyse explique le chômage dans le fonctionnement de l'activité économique (rouage de la production, rouage de la répartition et rouage de la consommation). La demande est la clé de contact, ou encore la batterie qui fait démarrer les moteurs de l'activité

économique. Lorsque la batterie est à plat, les moteurs ne peuvent pas démarrer. Si seulement un seul d'entre eux fonctionne, dans ce cas l'activité économique tourne au ralenti, et le niveau de l'emploi est faible, ce qui fait augmenter le chômage.
Selon les Keynésiens, le chômage est dû à une insuffisance de la demande globale.

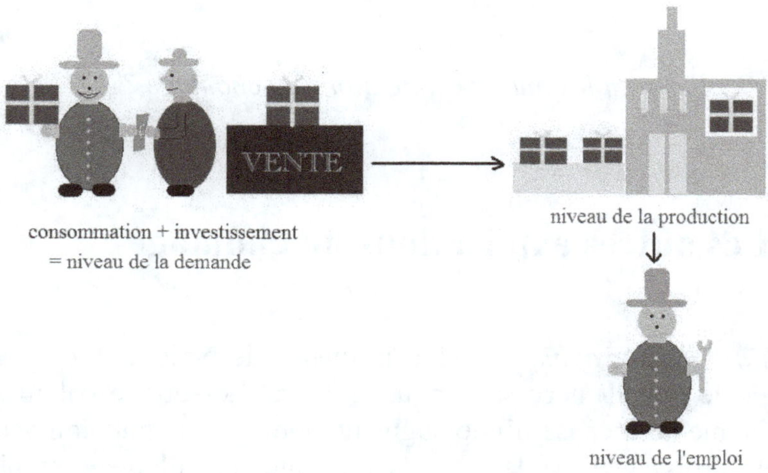

Niveau de la demande = niveau de la production = niveau de l'emploi

Le niveau de la demande qui est composé de la consommation et des investissements privés et publics, détermine le niveau de la production (PIB) ensuite celui de l'emploi.
Si la demande est faible, les entrepreneurs vont moins investir, vont moins produire et donc moins créer d'emplois, ce qui contribuera à accroître le chômage.
Le chômage s'explique ainsi par une insuffisance de la demande globale. En effet le niveau de la demande détermine le niveau de la production anticipé par les entreprises, et celui-ci détermine le niveau de l'emploi.

Dans cette optique, pour lutter durablement contre le chômage, les gouvernements doivent stimuler ou soutenir la demande en augmentant les dépenses publiques au risque de provoquer un déficit budgétaire et un alourdissement de la dette publique.
De tels déficits devraient se résorber grâce à la création d'emplois qui va générer de l'activité et faire entrer des recettes fiscales permettant de financer le déficit budgétaire et de réduire la dette publique.

Quelles sont les autres explications du chômage ?

• Les autres explications du chômage

L'évolution démographique : elle influence le volume de travail (quantités de travail) nécessaire pour produire. Lorsque le volume du travail augmente à cause d'une augmentation de la population active et que la croissance est faible, il en résulte un volume d'emplois insuffisant pour absorber les arrivées massives sur le marché du travail. Les offres de travail deviennent supérieures aux demandes de travail. Ce fût le cas de la France dans les années 70, les arrivées sur le marché du travail étaient plus fortes que les emplois créés. Le rythme de progression de la population active croissait plus vite que celui de la création d'emplois. La tendance devrait démographiquement s'inverser, une fois passée la grande vague d'arrivée des générations du baby boom.
La pyramide des âges est ici fort utile pour comprendre ce phénomène démographique qui explique une partie du chômage. Mais aussi qui permet de mesurer l'enjeu de la réforme de la retraite reculant l'âge de départ à la retraite à 62 ans puis à 65 ans ou à 67 ans pour assurer son développement durable.
Dans cette approche du chômage, le partage du travail devient un des moyens pour lutter contre le chômage en période de croissance faible.

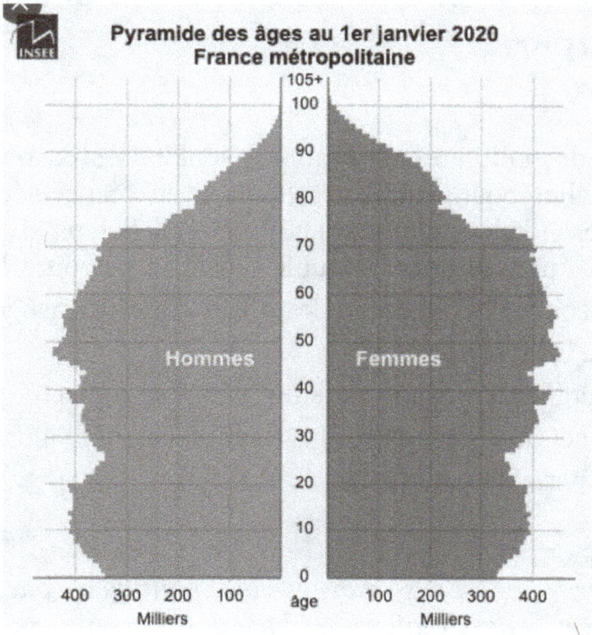

La mondialisation de l'économie : qui s'est accélérée depuis les années 90, a renforcé la concurrence internationale et a encouragé les délocalisations des entreprises dans des pays à bas salaires. Ces délocalisations ont supprimé des emplois dans las pays développés dans les secteurs à forte main d'œuvre peu qualifiée : textile, habillement, jouets, électroménagers….

De plus, dans ce contexte mondialisé, la course effrénée aux gains de productivité pousse les entreprises à développer les nouvelles technologies, à innover donc à substituer du travail au capital. Cette substitution à court terme détruit des emplois (cf. les gains de productivité dans le thème 1). Les investissements directs à l'étranger notamment en Chine ont accéléré la désindustrialisation dans certains pays (cas de la France par exemple).

• Face au chômage : quelles politiques de l'emploi ?

Deux types de politiques de l'emploi sont mises en œuvre par les Pouvoirs Publics pour réduire le chômage en France : les politiques dîtes « actives » de l'emploi et les politiques dîtes « passives ».
Les politiques actives ont un double objectif : accroître le niveau de l'emploi et faciliter l'adaptation des offres et des demandes de travail sur le marché du travail.
Quant aux politiques passives, elles ont pour objectif principal de limiter l'impact du chômage sur la situation des individus, c'est-à-dire le rendre supportable socialement.

Alors par quels moyens les politiques dîtes « actives » peuvent-elles réaliser l'objectif d'accroître le volume de l'emploi ?

Pour accroître le volume de l'emploi, elles s'appuient sur trois leviers :

1ier levier, les contrats aidés : ils incitent les employeurs grâce aux aides à l'embauche, grâce aux exonérations de certaines cotisations sociales ou encore grâce aux aides à la formation, à embaucher les actifs au terme de ces contrats. Or, jugés trop coûteux et peu efficaces, puisque seulement 25% d'entre eux deviennent des contrats durables, ils ont été remplacés par un nouveau type de contrat : le Parcours emploi compétence en 2018 facilitant durablement l'insertion professionnelle des demandeurs d'emploi. Ce dispositif est complété par les contrats d'apprentissage.

2ième levier : La baisse du coût du travail c'est-à-dire le salaire brut plus les cotisations sociales patronales, consiste à exonérer les entreprises des cotisations sociales afin de les inciter à accroître leurs demandes de travail au risque de réduire les ressources de notre protection sociale.

S'inspirant de la théorie néoclassique et du théorème de Schmidt selon lequel *« les profits d'aujourd'hui sont les investissements de demain et les emplois d'après demain »,* cette mesure permet aux entreprises de créer des emplois grâces à la hausse de leurs profits.
Toutefois, le niveau des profits est une condition nécessaire pour investir et créer des emplois mais reste une condition insuffisante.
Cependant, ce qui est un coût pour l'entreprise est un revenu pour le salarié. Or, une baisse du coût du travail entraîne une diminution de la demande et à terme moins de croissance et d'emploi. De plus, une telle baisse creuse les inégalités sociales entre les agents économiques puisqu'elle diminue les ressources de la protection sociale.
Le développement des travailleurs pauvres, (c'est-à-dire des actifs titulaires d'un contrat de travail à durée indéterminée ne pouvant plus se loger, voire se nourrir correctement avec le fruit de leur travail) et de la précarité des emplois sont des exemples des effets sociaux néfastes de cette baisse.
C'est pourquoi les Gouvernements peuvent utiliser un troisième levier permettant de soutenir l'emploi grâce à la croissance économique.

$3^{\text{ième}}$ levier, celui des dépenses publiques :
En effet, s'inspirant de la théorie Keynésienne, les Pouvoirs Publics ont la possibilité de relancer l'activité économique en augmentant les dépenses publiques (investissements publics), qui par leur effet multiplicateur, permettent de relancer la demande globale et donc de remplir les carnets de commandes des entreprises, les incitant ainsi à investir davantage et donc à produire plus et à créer des emplois mais au risque de creuser le déficit budgétaire et du commerce extérieur. Néanmoins, grâce à une croissance économique redevenue plus forte, le déficit budgétaire devrait se réduire avec des rentrées fiscales devenues beaucoup plus fortes. Les politiques d'inspiration keynésienne font le pari d'une croissance créatrice d'emplois. Cependant, ce pari se heurte aux critères de convergence de l'euro et au pacte de stabilité limitant les politiques publiques. Ce pari pourrait se réaliser à condition que les états européens s'engagent ensemble et d'une manière coordonnée, sur la voie de la transition énergétique.

Et comment ces politiques actives peuvent-elles réaliser l'objectif de l'adéquation entre les offres et les demandes de travail ?

Elles peuvent faciliter cette adéquation grâce à deux mesures structurelles :

Tout d'abord la formation professionnelle continue : celle-ci permet aux actifs de renforcer leur employabilité et de faciliter leur adaptation aux évolutions technologiques en répondant mieux aux nouveaux besoins du marché du travail, à condition qu'elle soit considérée par les entreprises comme un levier de croissance et non plus comme une charge.
Et ensuite la flexibilité du marché du travail **:** il s'agit ici d'assouplir le droit du travail pour adapter la quantité de travail selon le niveau de l'activité de l'entreprise mais au risque de précariser davantage le travail.

Ces politiques actives sont aussi complétées par des politiques dîtes passives dont la finalité est de compenser la perte de revenus ou accessoirement de permettre aux individus de se retirer de la vie active afin de réduire la quantité d'offre de travail. Mais comment ?

Grâce à l'assurance chômage : cette assurance obligatoire financée par les salariés et les employeurs permet de garantir le versement d'une allocation aux salariés licenciés ayant suffisamment cotisé. Elle a pour finalité de garantir le maintien d'un revenu suffisant pour éviter l'exclusion sociale des chômeurs. Elle a été réformée en 2021 dans le but de réduire l'allocation chômage et d'inciter les chômeurs à chercher activement du travail.

Et grâce à la cessation anticipée d'activité : Ce qui réduit les offres de travail.

On peut dire qu'à travers ces deux politiques d'emploi, les Pouvoirs Publics cherchent à favoriser les créations d'emplois.

La Banque Centrale Européenne contribue aussi à lutter contre le chômage en abaissant les taux d'intérêt. Cependant, ces politiques semblent insuffisantes pour endiguer le chômage dans une économie de plus en plus numérisée. C'est pourquoi la réduction du temps de travail pourrait être une voie à explorer afin de travailler moins individuellement pour travailler plus collectivement. Elle pourrait être assortie d'une politique de garantie de l'emploi, aussi bien dans le secteur public que dans le secteur privé.

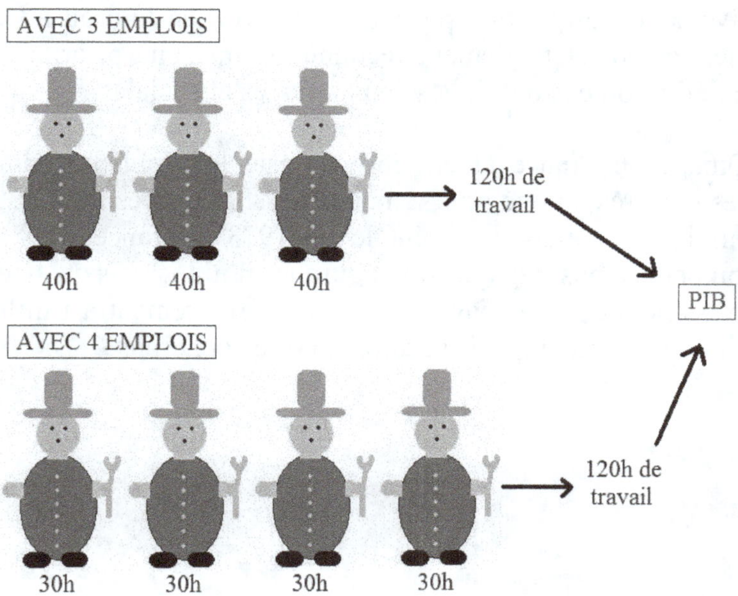

La baisse de la durée du travail de 39h à 35h (lois Aubry 1998-2000) a permis de créer 350000 emplois en France et, notamment dans les grandes entreprises qui ont pu maintenir le même niveau de salaire grâce à leurs gains de productivité. Néanmoins, elles ont freiné certaines créations d'emplois dans les petites et moyennes entreprises, pour qui la baisse de la durée du travail a alourdi leurs coûts. La réalité économique nous incite à nuancer l'efficacité du partage du travail. Car pour partager le travail, il faut pouvoir accepter de partager le salaire. La RTT pose ainsi le problème de la répartition des revenus entre le capital et le travail, c'est à dire du partage de la valeur ajoutée. En effet, baisser le temps de travail sans diminution du salaire c'est réduire les profits ou les dividendes au profit de l'emploi.

Le niveau et la structure du chômage sont liés au niveau de l'activité économique et à ses formes d'organisation.

L'emploi constitue l'enjeu économique et social de la décennie d'après la crise de 2008 et la crise du Covid 2019-2021. L'existence d'un chômage massif et persistant met en cause la cohésion de notre société et aggrave les inégalités.
Il est un signe d'échec qui appelle une transformation de notre modèle de croissance productiviste et de régulation de notre économie. Les politiques de lutte contre le chômage n'ont jamais réussi à l'éradiquer définitivement. La question posée est de savoir, si le droit à l'emploi est concrètement et réellement reconnu comme une priorité absolue dans la définition des politiques économiques et sociales.

Le chômage en France et en Europe reste le problème numéro 1. Diverses mesures ont été prises, mais elles sont restées limitées, car le plein emploi n'a jamais été atteint depuis 1973 en France.
Alors on peut se poser la question pourquoi il n'a jamais été une réelle priorité économique des pays européens contrairement à l'inflation ? Ferait-il moins de mal que l'inflation à notre économie ?

Tribune économique : réflexion-débat

Le partage du travail : une alternative au revenu universel !

Travailler moins individuellement aujourd'hui et travailler plus collectivement demain pour mettre fin au chômage et aux inégalités, ou verser un revenu à vie renonçant ainsi au plein emploi : un choix de société !

Alors que la richesse économique ne cesse de s'accroître à un rythme inégalé ces cinquante dernières années, la contribution quantitative du travail à la création du Produit Intérieur Brut se réduit parallèlement peu à peu. Nous nous trouvons à l'ère de la révolution numérique dans une situation dans laquelle moins de travail est nécessaire pour produire plus et mieux. Cette situation d'abondance se traduit inévitablement par moins de travail et plus de capital pour garantir la croissance économique. Cette raréfaction du nombre d'emplois liée au progrès technologique numérique concerne désormais aussi bien les emplois peu qualifiés que les emplois intermédiaires. Toutes les catégories de la classe moyenne sont touchées à des degrés divers. Il ne s'agit plus seulement de mécanisation ou d'automatisation qui jadis, au rythme des cycles d'innovations, supprimait des emplois dans certains secteurs pour en déverser dans d'autres selon le principe de la destruction créatrice de Schumpeter. Il s'agit d'une robotisation intelligente de tous les secteurs d'activité, des algorithmes de plus en plus complexes et de l'intelligence artificielle remplaçant progressivement le travail de l'homme. Cette technoscience change notre rapport au travail. La nouvelle productivité sans humain de la révolution numérique nous place devant l'enjeu d'une adaptation sociétale à un monde devenant de plus en plus pauvre en emplois, transformant ainsi notre existence, et avec elle, notre rapport au travail, ainsi que celui de la protection sociale.

Dans une situation de croissance restant durablement autour de 2% par an, il n'y a donc peu de chance que cette évolution de l'économie permette de faire reculer le chômage à un rythme suffisant pour éviter

les risques populistes et sociaux auxquels notre société est confrontée aujourd'hui.
Faut-il pour autant renoncer au plein emploi et promouvoir un revenu de base universel versé à tous, dès la naissance et tout au long de la vie, indépendamment du statut, au lieu de chercher à revenir à un plein-emploi ? L'idée du revenu universel, idée très ancienne qui remonte à Thomas More au XVIe siècle est évidemment généreuse, mais sa mise en œuvre s'avèrerait aujourd'hui très coûteuse et risquée économiquement ainsi que socialement.
En effet la richesse nationale ne pourrait pas supporter le coût de ce revenu pouvant s'élever à plus de 400 milliards d'euros par an en fonction de son seuil fixé entre 520 euros et 1000 euros par mois. Elle se réduirait progressivement en raison de l'inactivité d'une partie de la population malgré la contribution de plus en plus forte du progrès technologique et ouvrirait la trappe à la pauvreté. De plus, cette mesure reste toutefois inéquitable puisque les plus riches bénéficieraient du même montant que les plus pauvres. S'engager dans cette voie, c'est donc renoncer à la recherche du plein emploi et accepter la fatalité du chômage ainsi que la dualité sociale qui en résulte.
Si on veut éviter la paupérisation des travailleurs tout en faisant reculer rapidement le chômage et l'assistanat, il faut « *travailler moins individuellement pour travailler plus collectivement* ».
Partager le travail en réduisant parallèlement les cotisations sociales patronales ainsi que celles de l'assurance chômage du salarié jusqu'à leur suppression progressive, afin de ne pas augmenter le coût de production des entreprises, favoriserait le maximum d'embauches sans amoindrir le salaire net des salariés. Le manque à gagner pour le budget de l'État serait comblé par la baisse du chômage et par une hausse des recettes tirées de la TVA du fait d'une consommation devenue plus soutenue. Au final, le coût microéconomique du « *travailler moins individuellement* » serait compensé par les recettes macroéconomiques liées au « *travailler plus collectivement* ». Cela se traduirait par un accroissement de la production grâce à l'augmentation du volume de travail lié au nombre d'actifs garantissant ainsi le niveau de la demande et donc celui de la croissance. Le temps libre devenu aussi plus important ferait naître de nouveaux besoins qui à leur tour, feraient émerger de nouvelles activités économiques pour les satisfaire et créeraient de nouveaux emplois. Elles permettraient ainsi la distribution de revenus

supplémentaires garantissant une croissance conciliant le travail et le progrès.

Le partage du travail est toujours une politique solidaire, qui suppose que ceux qui ont un emploi fournissent des efforts et laissent une place à ceux qui sont au chômage. Ce choix ne sera accepté que si ce partage n'appauvrit pas les uns pour aider les autres.

Or, la baisse de la durée du travail avec maintien du salaire net, accompagnée d'une forte réduction des cotisations sociales patronales et assortie d'une embauche, profitant à tous, aussi bien aux « *insiders* » qu'aux « *outsiders* » favoriserait l'acceptation de ce choix.

Elle permettrait de gagner plus tous ensemble sans chômage, d'améliorer les conditions de vie de tous les salariés et de réduire les inégalités sociales grâce à l'emploi. C'est sur cette base solidaire qu'un nouvel ordre social et économique pourrait se construire.

Ce choix ne sera efficace et possible que si le monde patronal accepte l'idée que le partage du travail grâce à la productivité liée au progrès est un des facteurs qui équilibre le marché du travail contrairement au seul facteur coût du travail. Il le sera d'autant plus, que s'il s'effectue par la négociation collective prenant en compte la situation de chaque entreprise pour déterminer le niveau de la baisse du temps de travail. Et le sera encore d'autant plus, que s'il s'accompagne d'un prélèvement sur le capital financier palliant la baisse des cotisations sur le travail et d'une régulation sociale dans la formation des revenus primaires afin de rendre notre système de redistribution moins coûteux, plus efficace et pérenne.

Il est donc difficilement compréhensible, qu'à une époque où la lutte contre le chômage est une urgence nationale, l'option de la réduction du temps de travail ne soit toujours pas envisagée dans le débat économique public.

Accepter de travailler moins individuellement mais plus collectivement est avant tout un choix de société au même titre que celui du choix de la flexibilité ou de celui de la création d'un revenu universel. Depuis le début du XIXe siècle, il a fallu constamment batailler pour réussir à réduire le temps de travail. L'histoire nous a prouvé que sa baisse n'a jamais freiné la croissance économique, bien au contraire. Il faut donc sortir de la vision dogmatique de la durée du travail et privilégier son partage pour atteindre le plein emploi. Ce n'est que par cette solidarité que le travail retrouvera sa véritable valeur dans notre société !

Pour en savoir plus …

LIVRES

- Le chômage est-il une fatalité ? J.M. Albertini Ed. PUF.
- Le chômage, Jérôme Gautié Ed. La découverte coll. Repères.
- Les décennies aveugles. Emploi et croissance (1970-2010), Philippe Askenazy Ed. Seuil 2010.
- Inflation et désinflation, Pierre Bezbakh Ed. La découverte coll. Repères, nouvelle édition.

SITES INTERNET

- http://www.telos-eu.com/
-http://www.france-inflation.com/calculateur_inflation.php
- www.insee.fr
- http://www.laviedesidees.fr/
- http://lewebpedagogique.com/
- http://www.alternatives-economiques.fr/
http://www.dailymotion.com/video/x3mram_l-inflation-pour-les-nuls-par-la-bc_school
-http//dessinemoileco.com/
https://www.citeco.fr/recherche?recommande=1&media=Vid%C3%A9os

Revue « Marché et Organisations »

Le but de la revue est de promouvoir la recherche originale sur les relations de plus en plus étroites qui se tissent entre le marché et les organisations. Les acteurs économiques de taille, de puissance et de pouvoir différents dont les intérêts peuvent être convergents, complémentaires ou, le plus souvent, antagoniques, ont tendance à organiser les marchés. La raison du marché, pourtant, est la référence stratégique pour l'entreprise ainsi que pour les institutions publiques de décision économique.

Numéros parus :

N°1 : Artisanat. La modernité réinventée, 2006
N°2 : La petite entreprise, elle a tout d'une grande. De l'accompagnement aux choix stratégiques, 2006
N°3 : Tourisme et Innovation. La force créative des loisirs, 2007
N°4 : Le travail. Formes récentes et nouvelles questions, 2007
N°5 : Les universités et l'innovation. L'enseignement et la recherche dans l'économie des connaissances, 2007
N°6 : Entrepreneuriat et accompagnement. Outils, actions et paradigmes nouveaux, 2008
N°7 : Développement durable des territoires. Economie sociale, environnement et innovations, 2008
N°8 : Développement durable et responsabilité sociale des acteurs, 2009
N°9 : Gouvernance : exercices de pouvoir, 2009
N°10 : Le travail collaboratif. Une innovation générique, 2009
N°11 : Economie sociale et solidaire. Nouvelles trajectoires d'innovations, 2010
N°12 : Relations à la marque et marques de la relation. Regards croisés sur le management relationnel de la marque, 2010
N°13 : Les contrats au service de la recherche ?, 2011
N°14 : Le potentiel économique de l'Afrique subsaharienne, 2011
N°15 : Management de la distribution, 2012
N°16 : Territoire Vert. Entreprises, Institutions, Innovations, 2012
N°17 : Eco-conception, conception et innovation. Les nouveaux défis de l'entreprise, 2013
N°18 : Intelligence économique : entreprises et territoires, 2013
N°19 : La finance globale. Un monde fini, 2013
N°20 : La crise du « développement », 2014
N°21 : La Chine innove. Politiques publiques et stratégies d'entreprise, 2014
N°22 : Go East! Nouvelles Economies de Marché, 2015
N°23 : L'économie du changement, 2015
N°24 : Le temps des artisans. Permanences et mutations, 2015
N°25 : Innovations de proximité et esprit d'entreprise, 2016
N°26 : L'avenir des économies du Maghreb : entre inertie structurelle et envie de rupture, 2016/3 (n° 27)
N°27 : Le sport aux frontières du marché du travail, 2016
N°28 : Dynamiques internationales des entreprises, 2017
N°29 : L'univers du risque, 2017
N°30 : Les petites entreprises dans l'histoire industrielle, 2017
N°31 : Economie sociale et *social business* ? Au défi d'entreprendre et se financer, 2018
N°32 : Éducation et fertilisation des économies africaines, 2018
N°33 : L'entrepreneuriat innovant dans les pays du Maghreb, 2018
N°34 : L'entrepreneuriat scientifique : institutions et innovation, 2019
N°35 : Le champ économique de la culture, 2019
N°36 : Economie sociale et solidaire ? Modèles d'innovation et modes de gouvernance, 2019
N°37 : Rethinking Luxury Business, 2020
N°38 : La santé connectée. Nouvelles technologies et réorganisation des soins, 2020
N°39 : Options stratégiques et systèmes complexes d'innovation, 2020
N°40 : Les services : intégration des systèmes productifs et lien social, 2021
N°41 : Crise pandémique, crise globale. Réalité et controverses théoriques, 2021
N° 42 : La crise de la covid-19. Le marché et les organisations en perspective, 2021

Collection « L'esprit économique »

fondée par Sophie Boutillier et Dimitri Uzunidis en 1996

Dernières parutions

► ***Série Economie et Innovation***

T. MICHAUD, *La réalité virtuelle : de la science-fiction à l'innovation*, 2018.
B. LAPERCHE, M. LIMA, E. SEULLIET, B. TROUSSE (dir.), *Les écosystèmes d'innovation. Regards croisés des acteurs clés*, 2019.
S. MONNERIE, *L'économie digitale révolutionne le monde. Innovation et total design*, 2019.
T. MICHAUD, *Le projet spatial européen, entre pragmatisme et imagination*, 2020.
J.-P. SCHMITT, N. RAVIDAT, *Management conjoint de la technologie et de la personne. Pour performer et croitre*, 2020.
Y. EL YAHYAOUI, *Economie des plateformes numériques. Captation de la valeur, pouvoir de marché et communs collaboratifs*, 2021.

► ***Série Le Monde en Question***

F. FAURE, *Empowerment et finance. La démocratie au service de l'investissement socialement responsable*, 2021.
A. SGHAIER, *La finance islamique. Aspects critiques de la finance conventionnelle*, 2021.
H. AGOURRAME, *La règlementation bancaire internationale. Genèse, évolution et impact sur le « business model » des banques*, 2021.
A. AMINE, C. GALLOUJ, *Consommateurs et pratiques de consommation au Maroc*, 2021.
T. MARINOVA, *Economie sociale et solidaire dans les pays des Balkans. Bulgarie, Roumanie, Serbie : quels enseignements ?*, 2021.
T. GARCENOT, *La finance contre le dérèglement climatique. Politiques monétaires et enjeux géopolitiques de la finance verte*, 2021.

► ***Série Krisis***

M. RAMEAUX, *Le tao de l'économie. Du bon usage de l'économie de marché*, 2020.
B. TONGLET, *Innovation et dynamique discontinue au bas Moyen Age. Pour une autre approche de l'histoire économique*, 2020.
J.-C. MOREL, *La nécessaire valorisation de la richesse ou intégrer le capital humain au bilan*, 2020.
V. LAURE VAN BAMBEKE, *La valeur du travail humain. Essai sur la refondation de l'expression monétaire de la valeur-travail*, 2021.
A. FONTAINE, *L'économie est l'opium du peuple. Une fausse science*, 2021.
A. RODRIGUEZ-HERRERA, Travail, valeur et prix. Reprise et clôture d'un débat centenaire (1885-1985) a la lumière des textes marxiens, 2021.

► **Série *Clichés***

S. BOUTILLIER, D. UZUNIDIS (dir.), *La Russie européenne. Du passé composé au futur antérieur*, 2008.
R. VOLPI, *La négociation. Pain, paix, liberté*, 2009.

► ***Série Cours Principaux***

O. ESNEU, *Le droit du transport routier de marchandises (TRM)*, 2018.
G. DUTHIL, *Economie publique et métamorphoses sociales*, 2019.
R. SANTENAC, *Le cycle des crises financières. Une étude approfondie des causes, des impacts et de la fréquence*, 2020.
B. LANDAIS, *Macroéconomie efficace. Croissance et crises*, 2020.
A. MBULI LANDU, *Le memo d'un comptable. Approche par le SYSCOHADA révisé*, 2021.

► ***Série L'économie formelle***

S. A. DJELHI-YAHOT, *La théorie des finances publiques optimales. une approche gagnante pour l'Afrique*, 2020.
A. EL ALAOUI, *Modèle d'équilibre général calculable. Présentation théorique et application empirique*, 2020.
H. AMAAZOUL, *Responsabilité sociétale des entreprises et performance financière. Étude appliquée aux entreprises marocaines*, 2021.
M. BERTONECHE, *Chroniques économiques de notre temps*, 2021.
E. CARREY, H. LANDIER, *Après la guerre contre la Covid : de l'économie financière a l'entrepreneuriat social*, 2021.
J. LATREILLE, *Sale temps pour l'économie marchande*, 2021.

Structures éditoriales du groupe L'Harmattan

L'Harmattan Italie
Via degli Artisti, 15
10124 Torino
harmattan.italia@gmail.com

L'Harmattan Hongrie
Kossuth l. u. 14-16.
1053 Budapest
harmattan@harmattan.hu

L'Harmattan Sénégal
10 VDN en face Mermoz
BP 45034 Dakar-Fann
senharmattan@gmail.com

L'Harmattan Cameroun
TSINGA/FECAFOOT
BP 11486 Yaoundé
inkoukam@gmail.com

L'Harmattan Burkina Faso
Achille Somé – tengnule@hotmail.fr

L'Harmattan Guinée
Almamya, rue KA 028 OKB Agency
BP 3470 Conakry
harmattanguinee@yahoo.fr

L'Harmattan RDC
185, avenue Nyangwe
Commune de Lingwala – Kinshasa
matangilamusadila@yahoo.fr

L'Harmattan Congo
67, boulevard Denis-Sassou-N'Guesso
BP 2874 Brazzaville
harmattan.congo@yahoo.fr

L'Harmattan Mali
ACI 2000 - Immeuble Mgr Jean Marie Cisse
Bureau 10
BP 145 Bamako-Mali
mali@harmattan.fr

L'Harmattan Togo
Djidjole – Lomé
Maison Amela
face EPP BATOME
ddamela@aol.com

L'Harmattan Côte d'Ivoire
Résidence Karl – Cité des Arts
Abidjan-Cocody
03 BP 1588 Abidjan
espace_harmattan.ci@hotmail.fr

Nos librairies en France

Librairie internationale
16, rue des Écoles
75005 Paris
librairie.internationale@harmattan.fr
01 40 46 79 11
www.librairieharmattan.com

Librairie des savoirs
21, rue des Écoles
75005 Paris
librairie.sh@harmattan.fr
01 46 34 13 71
www.librairieharmattansh.com

Librairie Le Lucernaire
53, rue Notre-Dame-des-Champs
75006 Paris
librairie@lucernaire.fr
01 42 22 67 13

www.ingramcontent.com/pod-product-compliance
Lightning Source LLC
LaVergne TN
LVHW010932061026
849535LV00007B/2361
* 9 7 8 2 3 4 3 2 5 4 5 6 2 *